파이팅!
加油!

KB101120

쉽고 부담 없이 공부할 수 있는
하루 10분 학습 플래너

나의 학습 플랜 정하기

□ 40일 완성   (하루에 Day 1개씩)
□ 20일 완성   (하루에 Day 2개씩)
□ 10일 완성   (하루에 Day 4개씩)
□ ___일 완성 (하루에 Day ___ 개씩)

학습을 마친 Day 번호 체크해보기

1	2	3	4	5	6	7	8	9	10
11	12	13	14	15	16	17	18	19	20
21	22	23	24	25	26	27	28	29	30
31	32	33	34	35	36	37	38	39	40

중국어회화를 공부하는 하루 10분이 더 재밌어지는

해커스중국어 추가 자료 6종

무료		
	모바일 말하기 훈련 프로그램	책의 각 Day에 있는 QR코드를 찍어서 이용

무료		
	패턴으로 말하기 MP3	해커스중국어(china.Hackers.com) 접속 후 로그인 ▶ 상단의 [교재/MP3 → 교재 MP3/자료] 클릭하여 이용

무료		
	수준별 중국어 회화 및 단어	해커스중국어(china.Hackers.com) 접속 후 로그인 ▶ 상단의 [무료 자료 → 데일리 학습자료] 클릭하여 이용

무료		
	중국 유행어 및 한자 상식	해커스중국어(china.Hackers.com) 접속 후 로그인 ▶ 상단의 [무료 자료 → 데일리 학습자료] 클릭하여 이용

무료		
	중국어회화 레벨테스트	해커스중국어(china.Hackers.com) 접속 후 로그인 ▶ 상단의 [무료 자료 → 중국어 레벨테스트] 클릭하여 이용

할인		
	본 교재 동영상강의 (할인쿠폰 수록)	해커스중국어(china.Hackers.com) 접속 후 로그인 ▶ 상단의 [수강신청 → 회화] 클릭하여 이용

본 교재 인강 10,000원 할인쿠폰

A57626E69486AZ72

이용방법

해커스중국어(china.Hackers.com) 접속 후 로그인 ▶
메인 우측 하단 [쿠폰 & 수강권 등록]에서 쿠폰 등록 후 강의 결제 시 사용 가능

* 쿠폰 등록 후 사용기간 : 7일
* 본 쿠폰은 1회에 한해 등록 가능합니다.
* 이 외 쿠폰 관련 문의는 해커스중국어 고객센터(T.02-537-5000)로 연락바랍니다.

해커스 중국어회화

10분의 기적

패턴으로 말하기

해커스 어학연구소

목차

교재 학습 MP3
해커스 중국어 다운로드 china.Hackers.com

교재 구성 및 활용 방법

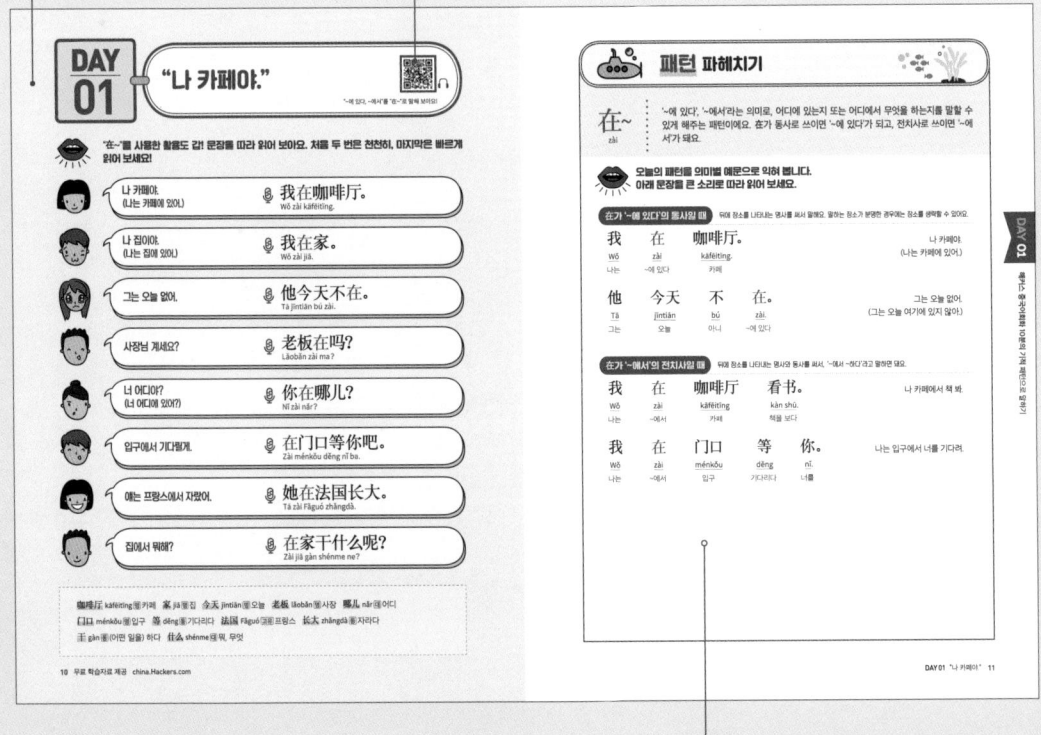

패턴 문장으로 회화 레벨을 업! 시켜 보아요!

앞에서 배웠던 활용 문장만으로 이렇게 실생활 대화를 중국어로 할 수 있다니!!!
다양한 상황에서의 대화로 중국어 회화 레벨업!
배웠던 패턴 문장을 영화 속 대화로도 말해 볼 수 있어요.

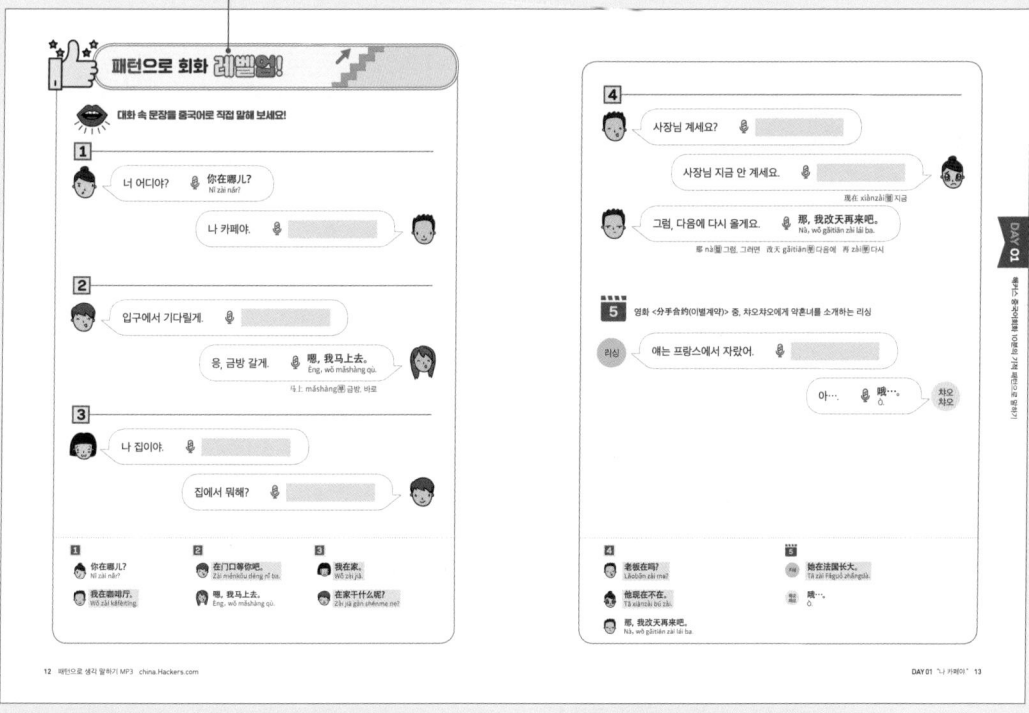

패턴 문장 활용의 끝판왕!

각 주제별 패턴 학습을 모두 끝낸 후 배웠던 패턴을 종합
하여 새로운 회화를 말해 보는 '패턴으로 술술 말해보기'!
지금까지 배웠던 패턴 문장으로 보다 긴 대화를 중국어로
술술~ 말해 보아요!

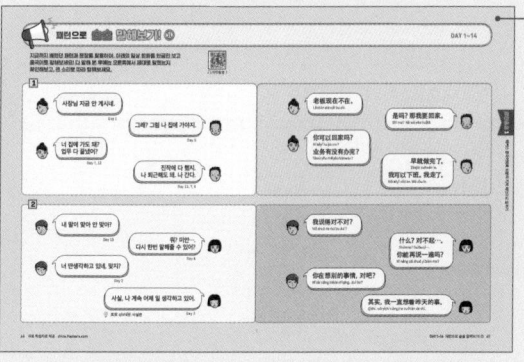

회화의 맛을 살리는 감탄사와 어기조사

말을 하다 보면 놀랍거나, 안타까운 상황에 자신도 모르게 다양한 감탄사가 나오지 않나요? 중국어에도 다양한 상황에서 쓰일 수 있는 감탄사가 있답니다! 거기에 문장 끝에 붙여주면 말의 뉘앙스를 살려주는 어기조사까지 익히면, 중국어로 말하는 재미가 점점 더 커져요. 이렇게 회화의 맛을 살려주는 감탄사와 어기조사, 알아 볼까요?

🎧 감탄사와 어기조사

감탄사

1. 유감, 놀람, 원망할 때, 哎呀 (āiya)

그 상황 참 유감이네..
하.. 말 안 할래.

哎呀, 我不说了。
Āiya, wǒ bù shuō le.

깜짝이야! 놀랐잖아!!
어맛!! 깜짝이야!!

哎呀! 我吓了一跳!
Āiya! Wǒ xiàle yí tiào!

네가 어떻게 그러니!라고 원망할 때
야아~ 너 왜 이제야 오니.

哎呀~ 你怎么才来。
Āiya~ nǐ zěnme cái lái.

2. 놀릴 때, 아플 때, 哎哟 (āiyō)

상대방을 놀릴 때
아이고~ 너 진짜 바보다!

哎哟~ 你真笨!
Āiyō~ nǐ zhēn bèn!

윽, 너무 아파..
아얏!! 아파!!

哎哟! 好痛!
Āiyō! Hǎo tòng!

3. 의아할 때, 咦 (yí)

무슨 상황인 거지?
"잉? 걔 왜 안 왔어?"

咦? 他怎么没来?
Yí? Tā zěnme méi lái?

어기조사

1. 부탁, 추측, 명령의 뉘앙스를 전달하는, 吧 (ba)

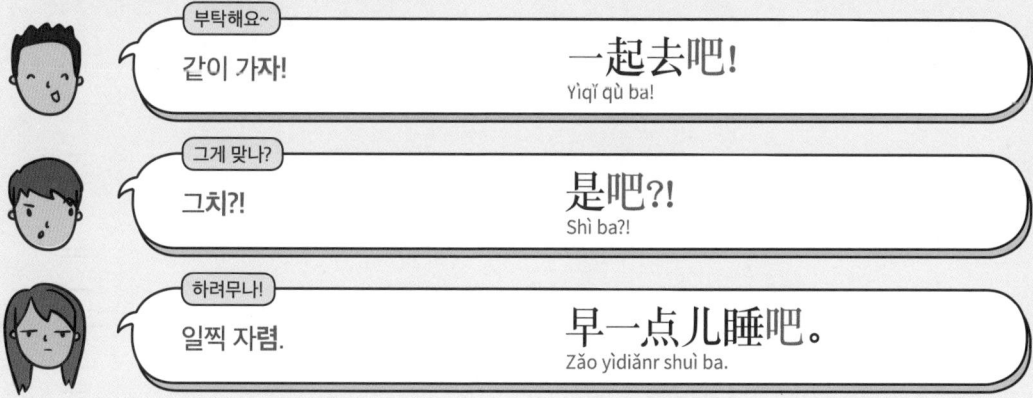

부탁해요~
같이 가자!
一起去吧!
Yìqǐ qù ba!

그게 맞나?
그치?!
是吧?!
Shì ba?!

하려무나!
일찍 자렴.
早一点儿睡吧。
Zǎo yìdiǎnr shuì ba.

2. 친근함을 전달하는, 呢 (ne)

친한 사이에는 질문도 친근하게
뭐하~니이?
干什么呢?
Gàn shénme ne?

답변도 친근하게
쟤 보고 있다는.
看他呢。
Kàn tā ne.

3. 부드러운 느낌을 전달하는, 啊 (a)

긍정의 뉘앙스를 부드럽게 전달하는
그래애~
是啊~
Shì a~

묻는 말에 부드러움을 더해주는
너 갈거야 말거야~?
你去不去啊~?
Nǐ qù bu qù a~?

china.Hackers.com

회화의 풍성함을 뿜!뿜!
살려주는 기초 패턴

"나 배고파", "나 밥 먹어"와 같은 왕초보 회화 문장 위주로
공부하셨나요? 이제는 상태, 상황, 의지, 가능, 변화 등을 말할 수 있는
여러 기초 패턴을 활용해 좀 더 풍성한 회화를 말해 보아요!

"나 카페야."

"~에 있다, ~에서"를 "在~"로 말해 보아요!

"在~"를 사용한 활용도 갑! 문장을 따라 읽어 보아요. 처음 두 번은 천천히, 마지막은 빠르게 읽어 보세요!

나 카페야.
(나는 카페에 있어.)

我在咖啡厅。
Wǒ zài kāfēitīng.

나 집이야.
(나는 집에 있어.)

我在家。
Wǒ zài jiā.

그는 오늘 없어.

他今天不在。
Tā jīntiān bú zài.

사장님 계세요?

老板在吗?
Lǎobǎn zài ma?

너 어디야?
(너 어디에 있어?)

你在哪儿?
Nǐ zài nǎr?

입구에서 기다릴게.

在门口等你吧。
Zài ménkǒu děng nǐ ba.

얘는 프랑스에서 자랐어.

她在法国长大。
Tā zài Fǎguó zhǎngdà.

집에서 뭐해?

在家干什么呢?
Zài jiā gàn shénme ne?

咖啡厅 kāfēitīng 몡 카페   家 jiā 몡 집   今天 jīntiān 몡 오늘   老板 lǎobǎn 몡 사장   哪儿 nǎr 때 어디

门口 ménkǒu 몡 입구   等 děng 통 기다리다   法国 Fǎguó 고유 프랑스   长大 zhǎngdà 통 자라다

干 gàn 통 (어떤 일을) 하다   什么 shénme 때 뭐, 무엇

패턴 파헤치기

在~
zài

'~에 있다', '~에서'라는 의미로, 어디에 있는지 또는 어디에서 무엇을 하는지를 말할 수 있게 해주는 패턴이에요. 在가 동사로 쓰이면 '~에 있다'가 되고, 전치사로 쓰이면 '~에서'가 돼요.

오늘의 패턴을 의미별 예문으로 익혀 봅니다.
아래 문장을 큰 소리로 따라 읽어 보세요.

在가 '~에 있다'의 동사일 때
뒤에 장소를 나타내는 명사를 써서 말해요. 말하는 장소가 분명한 경우에는 장소를 생략할 수 있어요.

我	在	咖啡厅。		나 카페야.
Wǒ	zài	kāfēitīng.		(나는 카페에 있어.)
나는	~에 있다	카페		

他	今天	不	在。	그는 오늘 없어.
Tā	jīntiān	bú	zài.	(그는 오늘 여기에 있지 않아.)
그는	오늘	아니	~에 있다	

在가 '~에서'의 전치사일 때
뒤에 장소를 나타내는 명사와 동사를 써서, '~에서 ~하다'라고 말하면 돼요.

我	在	咖啡厅	看书。	나 카페에서 책 봐.
Wǒ	zài	kāfēitīng	kàn shū.	
나는	~에서	카페	책을 보다	

我	在	门口	等	你。	나는 입구에서 너를 기다려.
Wǒ	zài	ménkǒu	děng	nǐ.	
나는	~에서	입구	기다리다	너를	

패턴으로 회화 레벨업!

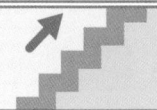

대화 속 문장을 중국어로 직접 말해 보세요!

1

너 어디야? 你在哪儿?
Nǐ zài nǎr?

나 카페야.

2

입구에서 기다릴게.

응, 금방 갈게. 嗯，我马上去。
Èng, wǒ mǎshàng qù.

马上 mǎshàng 뜻금방, 바로

3

나 집이야.

집에서 뭐해?

---

 1 你在哪儿?
Nǐ zài nǎr?

 我在咖啡厅。
Wǒ zài kāfēitīng.

 2 在门口等你吧。
Zài ménkǒu děng nǐ ba.

 嗯，我马上去。
Èng, wǒ mǎshàng qù.

 3 我在家。
Wǒ zài jiā.

 在家干什么呢?
Zài jiā gàn shénme ne?

4

사장님 계세요?

사장님 지금 안 계세요.

现在 xiànzài 명 지금

그럼, 다음에 다시 올게요.
那, 我改天再来吧。
Nà, wǒ gǎitiān zài lái ba.

那 nà 접 그럼, 그러면　改天 gǎitiān 부 다음에　再 zài 부 다시

5 영화 <分手合约(이별계약)> 중, 챠오챠오에게 약혼녀를 소개하는 리싱

리싱　얘는 프랑스에서 자랐어.

아….　哦…。　챠오
　　　　Ò.　챠오

4

老板在吗?
Lǎobǎn zài ma?

他现在不在。
Tā xiànzài bú zài.

那, 我改天再来吧。
Nà, wǒ gǎitiān zài lái ba.

5

리싱　她在法国长大。
　　　Tā zài Fǎguó zhǎngdà.

챠오　哦…。
챠오　Ò.

DAY 02

"나 일하고 있어."

"(지금) ~하고 있다"를 "正在/在~"로 말해 보아요!

"正在/在~"를 사용한 활용도 갑! 문장을 따라 읽어 보아요. 처음 두 번은 천천히, 마지막은 빠르게 읽어 보세요!

 나 일하고 있어.

我正在干活。
Wǒ zhèngzài gànhuó.

 걔 아직 자고 있어.

她还在睡觉。
Tā hái zài shuìjiào.

 쟤 딴생각하고 있어.
(쟤 다른 일을 생각하고 있어.)

他正在想别的事情。
Tā zhèngzài xiǎng biéde shìqing.

 쟤 수업을 안 듣고 있네!

他没在听课呀！
Tā méi zài tīngkè ya！

 걔 아르바이트 안 하고 있어.

她没在打工。
Tā méi zài dǎgōng.

 너희 지금 뭐해?

你们在干什么？
Nǐmen zài gàn shénme？

 그 사람들 지금 오고 있는 거 아니야?

他们是不是正在过来？
Tāmen shì bu shì zhèngzài guòlai？

 아빠가 밥하고 계신 거 아니야?

爸爸是不是在做饭？
Bàba shì bu shì zài zuòfàn？

干活 gànhuó 통 일하다   还 hái 분 아직   睡觉 shuìjiào 통 (잠을) 자다   想 xiǎng 통 생각하다
别的 biéde 데 다른, 다른 것   事情 shìqing 명 일   听课 tīngkè 통 수업을 듣다   打工 dǎgōng 통 아르바이트 하다
过来 guòlai 통 오다, 이리로 오다   做饭 zuòfàn 통 밥을 짓다

패턴 파헤치기

正在 / 在~
zhèngzài zài

'(지금) ~하고 있다'라는 의미로, 지금 한참 하고 있는 동작을 말할 수 있게 해주는 패턴이에요. 正在 / 在 뒤에 동사만 붙여 말하면 돼요! 참고로 앞에 부사가 있을 땐 在를 더 자주 사용한답니다.

 오늘의 패턴을 긍정문, 부정문, 의문문의 기본 문형으로 익혀 봅니다.
아래 문장을 큰 소리로 따라 읽어 보세요.

긍정문

我	正在 / 在	干活。	나 일하고 있어.
Wǒ	zhèngzài / zài	gànhuó.	
나는	지금 ~하고 있다	일하다	

부정문 在앞에 没를 붙이면 부정문이 돼요. 부정문에서는 正在가 아닌 在를 주로 써요.

我	没	在	干活。	나 일 안 하고 있어.
Wǒ	méi	zài	gànhuó.	
나는	아니	지금 ~하고 있다	일하다	

> 부정문을 만들 때 붙이는 没 역시 일종의 부사랍니다!
> 이렇듯 没, 还, 也(yě, ~도), 都(dōu, 모두) 등의 부사가 앞에 있을 땐 正在 대신 在를 더 자주 써요.
> ➡ 她还在睡觉。 = 걔 아직 자고 있어.
> 　 她也在睡觉。 = 걔도 자고 있어.

의문문 문장 맨 끝에 吗?를 붙이면 의문문이 돼요. 正在 / 在 앞에 是不是를 붙이고 문장 맨 끝에 물음표를 붙이면 정반의문문이 돼요.

你	正在 / 在	干活	吗?	너 일하고 있어?
Nǐ	zhèngzài / zài	gànhuó	ma?	
너는	지금 ~하고 있다	일하다	~니?	

你	是不是	正在 / 在	干活?	너 일하고 있는 거야 아니야?
Nǐ	shì bu shì	zhèngzài / zài	gànhuó?	
너는	~이니 아니니?	지금 ~하고 있다	일하다	

패턴으로 회화 레벨업!

 대화 속 문장을 중국어로 직접 말해 보세요!

1

나 밥해야 돼. 我要做饭。
Wǒ yào zuòfàn.

要 yào 조동 ~해야 하다

아빠가 밥하고 계신 거 아니야?

2

재 요즘 아르바이트해? 她最近打工吗?
Tā zuìjìn dǎgōng ma?

最近 zuìjìn 명 요즘, 최근

아니. 걔 아르바이트 안 하고 있어. 不。
Bù.

3

재 수업을 안 듣고 있네!

그렇네. 재 딴생각하고 있어. 是啊。
Shì a.

是啊 shì a 그렇네

1
 我要做饭。
Wǒ yào zuòfàn.

爸爸是不是在做饭?
Bàba shì bu shì zài zuòfàn?

2
 她最近打工吗?
Tā zuìjìn dǎgōng ma?

不。她没在打工。
Bù. Tā méi zài dǎgōng.

3
 他没在听课呀!
Tā méi zài tīngkè ya!

 是啊。他正在想别的事情。
Shì a. Tā zhèngzài xiǎng biéde shìqing.

4

빙빙이는 어디 있어? 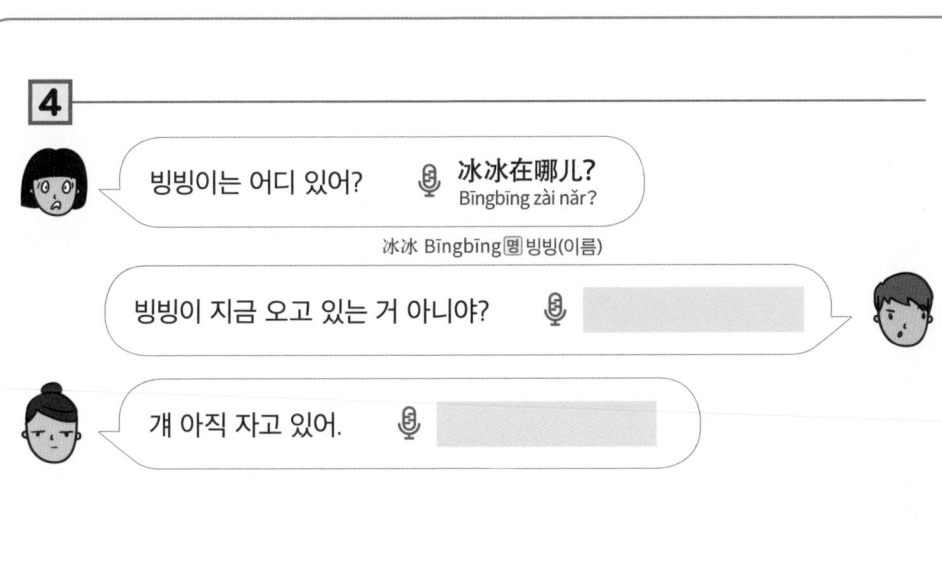 冰冰在哪儿?
Bīngbīng zài nǎr?

冰冰 Bīngbīng 몡 빙빙(이름)

빙빙이 지금 오고 있는 거 아니야?

걔 아직 자고 있어.

5 영화 <北京遇上西雅图(시절인연)> 중, 다투는 쟈쟈와 져우이를 말리는 황타이

황타이 너희 지금 뭐 하는 거야!?

황타이, 쟤가 나 때려요! 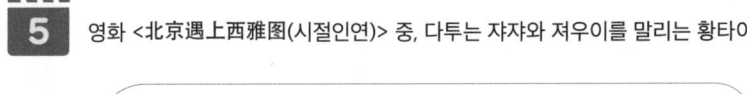 黄太, 她打我! 쟈쟈
Huáng tài, tā dǎ wǒ!

黄太 Huáng tài 몡 황타이(이름)   打 dǎ 동 때리다

 4

 冰冰在哪儿?
Bīngbīng zài nǎr?

冰冰是不是正在过来?
Bīngbīng shì bu shì zhèngzài guòlai?

她还在睡觉。
Tā hái zài shuìjiào.

 5

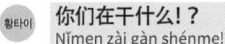 你们在干什么!?
Nǐmen zài gàn shénme!?

黄太, 她打我!
Huáng tài, tā dǎ wǒ!

"나 누워서 TV 보고 있어."

"A하면서 B하다"를 "A 着 B"로,
"A한 채로 있다"를 "A 着"로 말해 보아요!

"A 着 B"와 "A 着"를 사용한 활용도 갑! 문장을 따라 읽어 보아요. 처음 두 번은 천천히, 마지막은 빠르게 읽어 보세요!

나 누워서 TV 보고 있어.

我躺着看电视。
Wǒ tǎngzhe kàn diànshì.

너 멍하니 뭐 하고 있어?

你愣着干吗?
Nǐ lèngzhe gànmá?

우리 앉아서 먹자.

我们坐着吃吧。
Wǒmen zuòzhe chī ba.

네가 알아서 해.
(네가 봐 가면서 처리해.)

你看着办吧。
Nǐ kànzhe bàn ba.

너 손에 뭐 들고 있어?

你手上拿着什么?
Nǐ shǒu shang názhe shénme?

걔는 파란색 외투 입고 있어.

他穿着蓝色外套。
Tā chuānzhe lánsè wàitào.

나 계속 어제 일 생각하고 있어.

我一直想着昨天的事。
Wǒ yìzhí xiǎngzhe zuótiān de shì.

다른 사람들은 다 팻말 들고 기다리고 있어.

别人都拿着牌子等着呢。
Biérén dōu názhe páizi děngzhe ne.

躺 tǎng 통 눕다   电视 diànshì 명 TV   愣 lèng 통 멍하다   干吗 gànmá 무엇을 하는가?   办 bàn 통 하다, 처리하다

手上 shǒu shang 손에   拿 ná 통 들다   穿 chuān 통 입다   蓝色 lánsè 명 파란색   外套 wàitào 명 외투

一直 yìzhí 부 계속, 줄곧, 내내   别人 biérén 명 다른 사람   牌子 páizi 명 팻말

패턴 파헤치기

A着B, A着
zhe   zhe

'A하면서 B하다'와 'A한 채로 있다'라는 의미로, 어떤 상태를 유지하면서 동시에 다른 동작을 하고 있거나, 어떤 동작을 지속적으로 유지하는 상태를 말할 수 있게 해주는 패턴이에요. A와 B에 동사를 넣어 말하면 돼요.

 오늘의 패턴을 의미별 예문으로 익혀 봅니다.
아래 문장을 큰 소리로 따라 읽어 보세요.

'A하면서 B하다'의 의미일 때

我	躺着	看	电视。	나 누워서 TV 보고 있어.
Wǒ	tǎngzhe	kàn	diànshì.	(나는 누운 상태로 TV를 보고 있어.)
나는	누워서	보다	TV를	

我们	坐着	吃	吧。	우리 앉아서 먹자.
Wǒmen	zuòzhe	chī	ba.	
우리	앉아서	먹다	~하자	

'A한 채로 있다'의 의미일 때

你	手上	拿着	什么?	너 손에 뭐 들고 있어?
Nǐ	shǒu shang	názhe	shénme?	
너는	손에	들고 있다	무엇을	

他	穿着	蓝色	外套。	걔는 파란색 외투 입고 있어.
Tā	chuānzhe	lánsè	wàitào.	
그는	입고 있다	파란색	외투를	

해커스 중국어회화 10분의 기적 패턴으로 말하기

패턴으로 회화 레벨업!

 대화 속 문장을 중국어로 직접 말해 보세요!

1

 걔는 뭘 입고 있어? 他穿着什么?
Tā chuānzhe shénme?

걔는 파란색 외투 입고 있어.

2

 어떡해? 怎么办?
Zěnme bàn?

怎么办 zěnme bàn 어떡해?

네가 알아서 해.

3

 너 멍하니 뭐하고 있어?

나 계속 어제 일 생각하고 있어.

1

 他穿着什么?
Tā chuānzhe shénme?

 他穿着蓝色外套。
Tā chuānzhe lánsè wàitào.

2

 怎么办?
Zěnme bàn?

 你看着办吧。
Nǐ kànzhe bàn ba.

3

 你愣着干吗?
Nǐ lèngzhe gànmá?

 我一直想着昨天的事。
Wǒ yìzhí xiǎngzhe zuótiān de shì.

4

 너 손에 뭐 들고 있어?

도시락. 같이 먹을래? **盒饭。一起吃吗?**
Héfàn. Yìqǐ chī ma?

盒饭 héfàn 몡 도시락   一起 yìqǐ 튄 같이, 함께

 그래! 앉아서 먹자. **好!**
Hǎo!

好 hǎo 톙 그래, 좋다

5 영화 <北京遇上西雅图(시절인연)> 중, 공항에 늦게 마중 나온 프랭크에게 화를 내는 쟈쟈와 그녀
에게 사과하는 프랭크

 쟈쟈 다른 사람들은 다 팻말 들고
기다리고 있잖아요!

정말 죄송합니다. 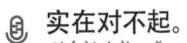 **实在对不起。** 프랭크
Shízài duìbuqǐ.

实在 shízài 튄 정말, 확실히   对不起 duìbuqǐ 동 미안하다

4

 你手上拿着什么?
Nǐ shǒu shang názhe shénme?

 盒饭。一起吃吗?
Héfàn. Yìqǐ chī ma?

 好! 坐着吃吧。
Hǎo! Zuòzhe chī ba.

5

 쟈쟈 **别人都拿着牌子等着呢!**
Biérén dōu názhe páizi děngzhe ne!

 프랭크 **实在对不起。**
Shízài duìbuqǐ.

"걔 올 걸."

"~할 것이다, ~할 가능성이 있다"를 "会~"로 말해 보아요!

 "会~"를 사용한 활용도 갑! 문장을 따라 읽어 보아요. 처음 두 번은 천천히, 마지막은 빠르게 읽어 보세요!

 걔 올 걸./걔 올 거야.
他会来的。
Tā huì lái de.

 내가 널 응원할게.
我会支持你的。
Wǒ huì zhīchí nǐ de.

 난 널 포기하지 않을 거야.
我不会放弃你。
Wǒ bú huì fàngqì nǐ.

 걔가 모를 리가 없어.
他不会不知道。
Tā bú huì bù zhīdào.

 그래 줄 수 있어?
你会吗?
Nǐ huì ma?

 너 갈 거야?
你会去吗?
Nǐ huì qù ma?

 걔가 받아 줄까?
她会不会接受?
Tā huì bu huì jiēshòu?

 너 다른 사람 좋아할 거야?
你会不会喜欢别人啊?
Nǐ huì bu huì xǐhuan biérén a?

来 lái 동 오다   支持 zhīchí 동 응원하다, 지지하다   放弃 fàngqì 동 포기하다   知道 zhīdào 동 알다   去 qù 동 가다
接受 jiēshòu 동 받아들이다, 수락하다   喜欢 xǐhuan 동 좋아하다

 # 패턴 파헤치기

会~
huì

'~할 것이다', '~할 가능성이 있다'라는 의미로, 하게 될 일이나 앞으로 일어날 가능성이 있는 일을 말할 수 있게 해주는 패턴이에요. 会 뒤에 동사를 붙여 말하면 돼요! 이때 会는 조동사랍니다.

 오늘의 패턴을 긍정문, 부정문, 의문문의 기본 문형으로 익혀 봅니다.
아래 문장을 큰 소리로 따라 읽어 보세요.

긍정문 문장 맨 끝에 的를 붙여, 会와 的사이의 내용을 강조하는 형태로 자주 쓰여요.

他	会	来	(的)。
Tā	huì	lái	(de).
그는	~할 것이다/ ~할 가능성이 있다	오다	(강조의 역할)

걔 올 걸./걔 올 거야.
(걔 올 가능성이 있어.)

부정문 会 앞에 不를 붙이면 부정문이 돼요.

他	不	会	来	(的)。
Tā	bú	huì	lái	(de).
그는	아니	~할 것이다/ ~할 가능성이 있다	오다	(강조의 역할)

걔 올 리가 없어./걔 안 올 거야.
(걔는 올 가능성이 없어.)

의문문 문장 맨 끝에 吗?를 붙이면 의문문이 되고, 会를 会不会로 바꾸고 문장 끝에 물음표를 붙이면 정반의문문이 돼요.

他	会	来	吗?
Tā	huì	lái	ma?
그는	~할 것이다/ ~할 가능성이 있다	오다	~니?

걔가 올까?
(걔가 올 가능성이 있어?)

他	会不会	来?
Tā	huì bu huì	lái?
그는	~할까 안 할까?/ ~할 가능성이 있어 없어?	오다

걔가 올까 안 올까?
(걔가 올 가능성이 있어 없어?)

会의 또 다른 의미 "~할 줄 알다"
会는 '(배우고 익혀서) ~할 줄 알다'라는 의미로도 사용돼요. 会가 어떤 의미로 쓰였는지는 대화의 내용과 뒤에 오는 동사에 따라 달라져요.
예> **我会做饭。** = 나는 밥 할 거야./나는 밥 할 줄 알아.
➡ 밥을 하는 것은 배워야만 할 수 있기 때문에, '나는 밥 할 거야.'와 '나는 밥 할 줄 알아.'라는 뜻으로도 모두 사용될 수 있어요.
我会吃饭。 = 나는 밥을 먹을 거야.
➡ 밥을 먹는 동작은 따로 배울 필요가 없으므로, '밥을 먹을 줄 알다.'가 아닌 '밥을 먹을 거야.'라는 의미로만 쓰여요.

패턴으로 회화 레벨업!

 대화 속 문장을 중국어로 직접 말해 보세요!

1

 내일, 너 갈 거야? **明天,**
Míngtiān,

 明天 míngtiān 명 내일

어딜 가는데? **去哪儿?**
Qù nǎr?

2

 걔가 이 일을 알아? **他知道这事吗?**
Tā zhīdào zhè shì ma?

事 shì 명 일

걔가 모를 리가 없어.

3

 내가 고백하면, 걔가 받아 줄까? 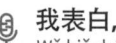 **我表白,**
Wǒ biǎobái,

表白 biǎobái 통 고백하다

모르지, 하지만 널 응원할게. 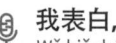 **不知道, 不过**
Bù zhīdào, búguò

不过 búguò 접 하지만

 1
 明天, 你会去吗?
Míngtiān, nǐ huì qù ma?

 去哪儿?
Qù nǎr?

 2
他知道这事吗?
Tā zhīdào zhè shì ma?

 他不会不知道。
Tā bú huì bù zhīdào.

 3
我表白, 她会不会接受?
Wǒ biǎobái, tā huì bu huì jiēshòu?

 不知道, 不过 我会支持你的。
Bù zhīdào, búguò wǒ huì zhīchí nǐ de.

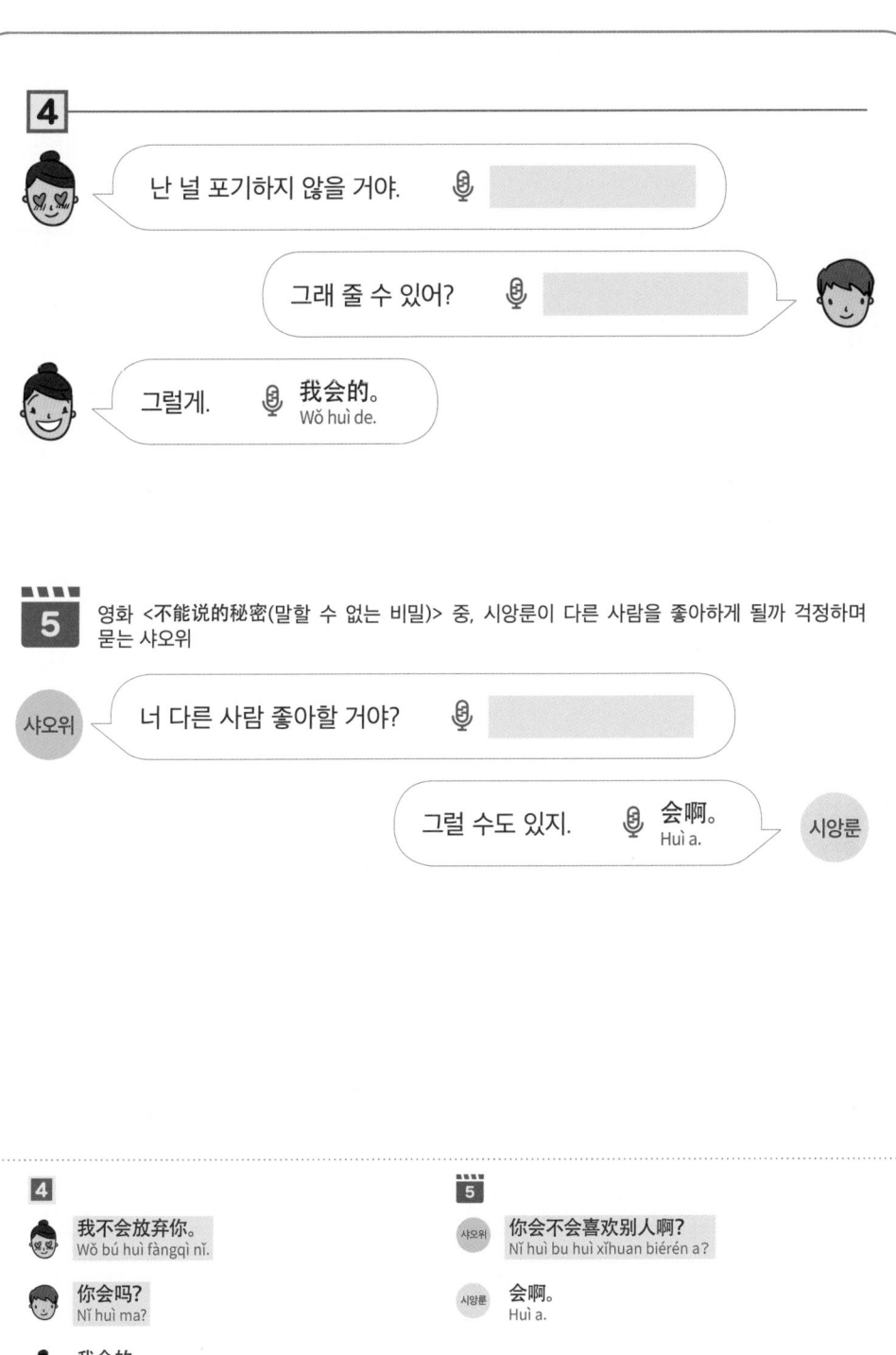

4

난 널 포기하지 않을 거야. 🎤

그래 줄 수 있어? 🎤

그렇게. 🎤 **我会的。**
Wǒ huì de.

5 영화 <不能说的秘密(말할 수 없는 비밀)> 중, 시앙룬이 다른 사람을 좋아하게 될까 걱정하며 묻는 샤오위

샤오위 너 다른 사람 좋아할 거야? 🎤

그럴 수도 있지. 🎤 **会啊。**
Huì a. 시앙룬

4

我不会放弃你。
Wǒ bú huì fàngqì nǐ.

你会吗?
Nǐ huì ma?

我会的。
Wǒ huì de.

5

你会不会喜欢别人啊?
Nǐ huì bu huì xǐhuan biérén a?

会啊。
Huì a.

DAY 05

"나 집에 갈 거야."

"~할 것이다(~하려 하다)" 또는
"~해야 한다"를 "要~"로 말해 보아요!

 "要~"를 사용한 활용도 갑! 문장을 따라 읽어 보아요. 처음 두 번은 천천히, 마지막은 빠르게 읽어 보세요!

 나 집에 갈 거야./나 집에 가야 해.

 我要回家。
Wǒ yào huíjiā.

나 아르바이트할 거야.
/나 아르바이트해야 해.

我要打工。
Wǒ yào dǎgōng.

나 내일 출근할 거야.
/나 내일 출근해야 해.

我明天要上班。
Wǒ míngtiān yào shàngbān.

 너 갈 거야?/너 가야 해?

 你要走吗?
Nǐ yào zǒu ma?

 너 잘 거야?/너 자야 해?

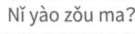 你要睡觉吗?
Nǐ yào shuìjiào ma?

 너 나 가르쳐 줄 거야?

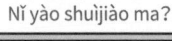 你要教我吗?
Nǐ yào jiāo wǒ ma?

 너 살 거야 말 거야?

你要不要买啊?
Nǐ yào bu yào mǎi a?

 너 나 볼 거야 말 거야?

你要不要见我?
Nǐ yào bu yào jiàn wǒ?

回家 huíjiā 통 집에 가다   打工 dǎgōng 통 아르바이트하다   上班 shàngbān 통 출근하다
走 zǒu 통 가다(특정한 목적지에 간다는 의미의 去와 구별됨)   教 jiāo 통 가르치다   买 mǎi 통 사다
见 jiàn 통 보다, 만나다

패턴 파헤치기

要~
yào

'~할 것이다(~하려 하다)' 또는 '~해야 한다'라는 의미로, 약간의 의지를 가지고 하려는 일이나 해야 하는 일을 말할 수 있게 해주는 패턴이에요. 要 뒤에 동사를 붙여 말하면 돼요! 이때 要는 조동사임을 기억해 두세요.

 오늘의 패턴을 긍정문, 부정문, 의문문의 기본 문형으로 익혀 봅니다.
아래 문장을 큰 소리로 따라 읽어 보세요.

긍정문

我	要	回家。	
Wǒ	yào	huíjiā.	나 집에 갈 거야./
나는	~할 것이다/	집에 가다	나 집에 가야 해.
	~해야 한다		

부정문 '~하려 하다'의 부정은 '不想~(~하고 싶지 않다)'이고, '~해야 한다'의 부정은 '不用~(~할 필요 없다)'예요.

我	不想 / 不用	回家。	
Wǒ	bù xiǎng / bú yòng	huíjiā.	나 집에 안 갈 거야.
나는	~하고 싶지 않다/	집에 가다	(나 집에 가고 싶지 않아.)/
	~할 필요 없다		나 집에 갈 필요 없어.

의문문 문장 끝에 吗?를 붙이면 의문문이 되고, 要를 要不要로 바꾸고 문장 맨 끝에 물음표를 붙이면 정반의문문이 돼요.

你	要	回家	吗?	
Nǐ	yào	huíjiā	ma?	너 집에 갈 거야?/
너는	~할 것이다/	집에 가다	~니?	너 집에 가야 해?
	~해야 한다			

你	要不要	回家?	
Nǐ	yào bu yào	huíjiā?	너 집에 갈 거야 말 거야?/
너는	~할 거야 말 거야?/	집에 가다	너 집에 가야 해 안 가도 돼?
	~해야 해 안 해도 돼?		

会와 要 둘 다 "~할 거야"? (会와 要의 차이)
중국어로 会와 要를 사용한 회화 문장을 우리말로 번역하면 모두 '~할 거야'가 되어서 조금 헷갈려요. 이때 중국어로 전하고 싶은 말이 앞으로 하게 될 일이나 발생할 가능성이 있는 일인 경우에는 会를 사용하고, 해야 하는 일이나 의지를 가지고 하려는 일인 경우에는 要를 사용해요.

예> "나 내일 출근할 거야."
　= 我明天会上班。 ➡ 내일 출근할 가능성이 있다는 것을 나타냄
　= 我明天要上班。 ➡ 내일 출근을 해야 한다는 것을 나타냄

패턴으로 회화 레벨업!

 대화 속 문장을 중국어로 직접 말해 보세요!

1

 너 살 거야 말 거야?

안 사. 나 돈 없어. **不买。我没有钱。**
Bù mǎi. Wǒ méiyǒu qián.

没有 méiyǒu 통 없다　钱 qián 명 돈

2

 너 잘 거야?

아니. 아직 안 졸려.  **不，还不困。**
Bù, hái bú kùn.

困 kùn 형 졸리다

3

 너 갈 거야?

응, 나 내일 출근해야 해. **嗯,**
Èng,

 你要不要买啊?
Nǐ yào bu yào mǎi a?

 不买。我没有钱。
Bù mǎi. Wǒ méiyǒu qián.

 你要睡觉吗?
Nǐ yào shuìjiào ma?

 不，还不困。
Bù, hái bú kùn.

 你要走吗?
Nǐ yào zǒu ma?

 嗯，我明天要上班。
Èng, wǒ míngtiān yào shàngbān.

4

너 내일 나 볼 거야 안 볼 거야?

미안. 나 아르바이트 해야 해.　对不起。
Duìbuqǐ.

괜찮아. 다음에 보자.　没事。改天见吧。
Méishì. Gǎitiān jiàn ba.

没事 méishì 괜찮다　改天 gǎitiān 분다음에

5　영화 <不能说的秘密(말할 수 없는 비밀)> 중, 시앙룬에게 피아노 곡을 가르쳐 주려는 샤오위

샤오위　너 이 곡 배워 볼래?　你要不要学这曲子？
Nǐ yào bu yào xué zhè qǔzi?

学 xué 동배우다　曲子 qǔzi 명곡

나 가르쳐 줄 거야?　　시앙룬

4

你明天要不要见我？
Nǐ míngtiān yào bu yào jiàn wǒ?

对不起。我要打工。
Duìbuqǐ. Wǒ yào dǎgōng.

没事。改天见吧。
Méishì. Gǎitiān jiàn ba.

5

샤오위　你要不要学这曲子？
Nǐ yào bu yào xué zhè qǔzi?

시앙룬　你要教我吗？
Nǐ yào jiāo wǒ ma?

해커스 중국어회화 10분의 기적 패턴으로 말하기

DAY 06

"나 할 수 있어!"

"~할 수 있다"를 "能~"으로 말해 보아요!

"能~"을 사용한 활용도 갑! 문장을 따라 읽어 보아요. 처음 두 번은 천천히, 마지막은 빠르게 읽어 보세요!

 나 할 수 있어!

我能做!
Wǒ néng zuò!

 네 마음, 난 이해할 수 있어.

你的心情, 我能理解。
Nǐ de xīnqíng, wǒ néng lǐjiě.

 나 버틸 수 있어.

我能坚持。
Wǒ néng jiānchí.

 말을 그렇게 하면 안 되지.
(말을 이렇게 할 수는 없어.)

话不能这么说。
Huà bù néng zhème shuō.

 다른 사람은 널 대신할 수 없어.

别人不能代替你。
Biérén bù néng dàitì nǐ.

 너 다시 한번 말해줄 수 있어?

你能再说一遍吗?
Nǐ néng zài shuō yí biàn ma?

 너 좀 열심히 할 수 없니?
(너 좀 열심히 할 수 있어 없어?)

你能不能努力一点?
Nǐ néng bu néng nǔlì yìdiǎn?

 좀 진지하게 들을 수 없니?
(너 진지하게 들을 수 있어 없어?)

你能不能认真听啊?
Nǐ néng bu néng rènzhēn tīng a?

做 zuò 통 하다 心情 xīnqíng 명 마음 理解 lǐjiě 통 이해하다 坚持 jiānchí 통 버티다, 견지하다 话 huà 명 말
这么 zhème 때 이렇게 说 shuō 통 말하다 代替 dàitì 통 대신하다, 대체하다 遍 biàn 양 번, 회
努力 nǔlì 통 열심히 하다, 노력하다 一点 yìdiǎn 주 좀, 조금 认真 rènzhēn 형 진지하다 听 tīng 통 듣다

 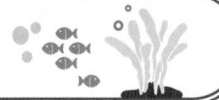

패턴 파헤치기

能~
néng

'~할 수 있다'라는 의미로, 능력이 있어 할 수 있거나, 상황이 되어서 할 수 있는 일을 말할 때 사용하는 패턴이에요. 能 뒤에 동사를 붙여 말하면 돼요! 이때 能은 조동사임을 기억해 두세요.

오늘의 패턴을 긍정문, 부정문, 의문문의 기본 문형으로 익혀 봅니다.
아래 문장을 큰 소리로 따라 읽어 보세요.

긍정문

我	能	做。
Wǒ	néng	zuò.
나는	~할 수 있다	하다

나 할 수 있어.
(할 능력이 있어./상황이 되어 할 수 있어.)

부정문

能 앞에 不를 붙이면 부정문이 돼요.

我	不	能	做。
Wǒ	bù	néng	zuò.
나는	아니	~할 수 있다	하다

나 할 수 없어.
(할 능력이 없어./할 수 있는 상황이 아니야.)

의문문

문장 맨 끝에 吗?를 붙이면 의문문이 되고, 能을 能不能으로 바꾸고 문장 맨 끝에 물음표를 붙이면 정반의문문이 돼요.

你	能	做	吗?
Nǐ	néng	zuò	ma?
너는	~할 수있다	하다	~니?

너 할 수 있어?
(할 능력이 있어?/할 수 있는 상황이야?)

你	能 不 能	做?
Nǐ	néng bu néng	zuò?
너는	~할 수 있니 없니?	하다

너 할 수 있어 없어?
(할 능력이 있어 없어?/
할 수 있는 상황이야 아니야?)

패턴으로 회화 레벨업!

 대화 속 문장을 중국어로 직접 말해 보세요!

1

 나 너무 마음 아파. **我很伤心。**
Wǒ hěn shāngxīn.

伤心 shāngxīn 图 마음 아파하다, 상심하다

네 마음, 난 이해할 수 있어.

2

 너 나 사랑해? 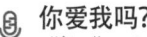 **你爱我吗?**
Nǐ ài wǒ ma?

爱 ài 图 사랑하다

당연하지. 다른 사람은 널 대신할 수 없어. **当然。**
Dāngrán.

当然 dāngrán 图 당연하다

3

 너 좀 열심히 할 수 없니?

말을 그렇게 하면 안 되지. 난 늘 노력하고 있어. **我一直在努力呀。**
Wǒ yìzhí zài nǔlì ya.

1
我很伤心。
Wǒ hěn shāngxīn.

你的心情, 我能理解。
Nǐ de xīnqíng, wǒ néng lǐjiě.

2
你爱我吗?
Nǐ ài wǒ ma?

 当然。 别人不能代替你。
Dāngrán. Biérén bù néng dàitì nǐ.

3
你能不能努力一点?
Nǐ néng bu néng nǔlì yìdiǎn?

 话不能这么说。
Huà bù néng zhème shuō.

我一直在努力呀。
Wǒ yìzhí zài nǔlì ya.

4

 너 다시 한번 말해 줄 수 있어?

좀 진지하게 들을 수 없니?

 미안, 미안. 🎤 **抱歉, 抱歉。**
Bàoqiàn, bàoqiàn.

抱歉 bàoqiàn 혱 미안, 미안해하다

5

영화 <**致我们终将逝去的青春**(우리가 잃어버릴 청춘)> 중, 아프면 집에 가서 쉬라고 하는 교수님과 괜찮다고 하는 쩡웨이

 교수 돌아가서 쉬거라. 🎤 **回去休息吧。**
Huíqu xiūxi ba.

回去 huíqu 통 돌아가다   休息 xiūxi 통 쉬다

교수님, 저 버틸 수 있어요. 🎤 **老师,**
Lǎoshī, 쩡웨이

老师 lǎoshī 몡 교수님, 선생님

4

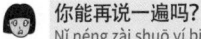 你能再说一遍吗?
Nǐ néng zài shuō yí biàn ma?

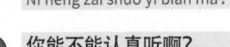 你能不能认真听啊?
Nǐ néng bu néng rènzhēn tīng a?

 抱歉, 抱歉。
Bàoqiàn, bàoqiàn.

5

 回去休息吧。
Huíqu xiūxi ba.

 老师, 我能坚持。
Lǎoshī, wǒ néng jiānchí.

DAY 07

"퇴근해도 됩니다."

"~해도 된다, ~할 수 있다"를 "可以"로 말해 보아요!

"可以~"를 사용한 활용도 갑! 문장을 따라 읽어 보아요. 처음 두 번은 천천히, 마지막은 빠르게 읽어 보세요!

퇴근해도 됩니다.

你可以下班。
Nǐ kěyǐ xiàbān.

내가 너 도와줄 수 있어.

我可以帮你。
Wǒ kěyǐ bāng nǐ.

당연히 그래도 되지.

当然可以啊。
Dāngrán kěyǐ a.

여기서 사진 찍으셔도 돼요.

你可以在这儿拍照。
Nǐ kěyǐ zài zhèr pāizhào.

화장실 다녀와도 될까요?

我可以去厕所吗？
Wǒ kěyǐ qù cèsuǒ ma?

나 집에 가도 될까?

我可以回家吗？
Wǒ kěyǐ huíjiā ma?

너 나 기다려 줄 수 있어?
(너 나 기다려 줄 수 있어 없어?)

你可不可以等我？
Nǐ kě bu kěyǐ děng wǒ?

나 하나 더 먹어도 돼?
(나 하나 더 먹어도 돼 안 돼?)

我可不可以再吃一个？
Wǒ kě bu kěyǐ zài chī yí ge?

下班 xiàbān 동 퇴근하다　帮 bāng 동 돕다　当然 dāngrán 부 당연히　这儿 zhèr 대 여기

拍照 pāizhào 동 사진을 찍다　厕所 cèsuǒ 명 화장실　回家 huíjiā 동 집에 가다　等 děng 동 기다리다

패턴 파헤치기

可以~
kěyǐ

'~해도 된다', '~할 수 있다'라는 의미로, 어떤 동작을 해도 된다고 허락해 주거나 해도 되는 상황임을 말할 수 있게 해주는 패턴이에요. 可以 뒤에 해도 되는 동작을 나타내는 동사를 붙여 말하면 돼요. 이때 可以는 조동사임을 기억해두세요.

 오늘의 패턴을 긍정문, 부정문, 의문문의 기본 문형으로 익혀 봅니다. 아래 문장을 큰 소리로 따라 읽어 보세요.

긍정문

你	可以	下班。	퇴근해도 됩니다.
Nǐ	kěyǐ	xiàbān.	
너는	~해도 된다	퇴근하다	

부정문

可以를 不能으로 바꾸면 부정문이 돼요. 이 때 不能은 상황상 해서는 안 됨을 나타내요.

你	不能	下班。	퇴근하면 안 됩니다. / 퇴근하실 수 없어요.
Nǐ	bù néng	xiàbān.	
너는	~하면 안 되다/ (상황상) 할 수 없다	퇴근하다	

의문문

문장 맨 끝에 吗?를 붙이면 의문문이 되고, 可以를 可不可以로 바꾸고 문장 맨 끝에 물음표를 붙이면 정반의문문이 돼요.

我	可以	下班	吗?	저 퇴근해도 되나요?
Wǒ	kěyǐ	xiàbān	ma?	
나는	~해도 된다	퇴근하다	~니?	

我	可不可以	下班?	저 퇴근해도 되나요 안 되나요?
Wǒ	kě bu kěyǐ	xiàbān?	
나는	~해도 돼 안돼?	퇴근하다	

가능을 나타내는 "会VS可以VS能"

이 세 패턴은 모두 '~할 수 있다'의 의미를 가지고 있지만, 가능의 의미가 조금씩 달라요. '운전하다'라는 의미의 동사 开车(kāichē)를 통해 그 차이를 알아볼까요?

예> **我会开车。** = 나 운전 할 줄 알아. ➜ 운전을 배워서 차를 몰 수 있는 능력이 있음을 나타냄

我可以开车。 = 나 운전 해도 돼. ➜ 운전 면허 보유, 음주 상태가 아님, 운전 할 시간이 있음 등 정황상 운전을 해도 되는 상태임을 나타냄

我能开车。 = 나 운전 할 수 있어. ➜ 운전 할 능력도 있고, 운전을 해도 되는 상황임을 나타냄

패턴으로 회화 레벨업!

 대화 속 문장을 중국어로 직접 말해 보세요!

1

 화장실 다녀와도 될까요?

응. 얼른 가. 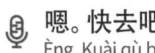 嗯。快去吧。
Èng. Kuài qù ba.

快 kuài 回 얼른, 빨리

2

 여기서 사진 찍으셔도 돼요.

아. 감사합니다. 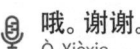 哦。谢谢。
Ò. Xièxie.

谢谢 xièxie 통 감사합니다, 고맙습니다

3

 나 하나 더 먹어도 돼?

당연히 그래도 되지.

---

1 我可以去厕所吗?
Wǒ kěyǐ qù cèsuǒ ma?

 嗯。快去吧。
Èng. Kuài qù ba.

2 你可以在这儿拍照。
Nǐ kěyǐ zài zhèr pāizhào.

 哦。谢谢。
Ò. Xièxie.

3 我可不可以再吃一个?
Wǒ kě bu kěyǐ zài chī yí ge?

 当然可以啊。
Dāngrán kěyǐ a.

4

나 집에 가도 될까?

잠깐 잠깐! 너 나 기다려 줄 수 있어?
等等!
Děngdeng!

얼마나?
多久?
Duōjiǔ?

多久 duōjiǔ 대 얼마 동안

5

영화 <我的少女时代(나의 소녀시대)> 중, 쉬타이위에게 공부를 도와주겠다고 하는 린쩐신

린쩐신　내가 너 도와줄 수 있어.

고마워.
谢啦。
Xiè la.

쉬타이위

谢 xiè 동 감사하다

4

我可以回家吗?
Wǒ kěyǐ huíjiā ma?

等等!　你可不可以等我?
Děngdeng! Nǐ kě bu kěyǐ děng wǒ?

多久?
Duōjiǔ?

5

我可以帮你。
Wǒ kěyǐ bāng nǐ.

谢啦。
Xiè la.

"나 왔어!"

"~가 됐다, ~하게 됐다"를 "~了。"로 말해 보아요!

"~了。"를 사용한 활용도 갑! 문장을 따라 읽어 보아요. 처음 두 번은 천천히, 마지막은 빠르게 읽어 보세요!

나 왔어!

我来了!
Wǒ lái le!

너 도착했어?

你到了?
Nǐ dào le?

벌써 세 시야.
(이미 세 시가 됐어.)

已经三点了。
Yǐjing sān diǎn le.

비 온다.

下雨了。
Xiàyǔ le.

나 감기 걸렸어.

我感冒了。
Wǒ gǎnmào le.

그는 올해 서른이야.

他今年三十了。
Tā jīnnián sānshí le.

나 간다. / 나 갈래.

我走了。
Wǒ zǒu le.

나 말 안 할래.
(나 말하고 싶지 않아졌어.)

我不想说了。
Wǒ bù xiǎng shuō le.

到 dào 통 도착하다   已经 yǐjing 부 벌써, 이미   点 diǎn 양 시   下雨 xiàyǔ 통 비가 오다

感冒 gǎnmào 통 감기에 걸리다   今年 jīnnián 명 올해   走 zǒu 통 가다   想 xiǎng 조동 ~하고 싶다

패턴 파헤치기

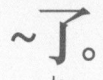

~了。
le

'~가 됐다', '~하게 됐다'라는 의미로, 상황이나 상태가 달라졌음을 전달하는 패턴이에요. 了는 문장 맨 마지막에 붙여 말하면 돼요. 이때 了는 어기조사임을 기억해두세요.

 오늘의 패턴을 자주 사용되는 상황별 예문으로 익혀 봅니다.
아래 문장을 큰 소리로 따라 읽어 보세요.

새로운 일의 발생이나, 상황의 변화를 나타낼 때 새로운 일이 발생했거나, 상황이 변화했음을 나타낼 수 있어요.

我	来	了!	나 왔어!
Wǒ	lái	le!	
나는	오다	~가 됐다	

주변 환경의 변화를 나타낼 때 계절, 날씨, 시간 등 주변의 환경이 변화했음을 나타낼 수 있어요.

三点	了。	세 시야.
Sān diǎn	le.	(세 시가 됐어.)
세 시	~가 됐다	

몸 상태, 나이 등의 변화를 나타낼 때 몸 상태나 나이, 키 등 사람의 상태가 변화했음을 나타낼 수 있어요.

我	感冒	了。	나 감기 걸렸어.
Wǒ	gǎnmào	le.	
나는	감기에 걸리다	~하게 됐다	

생각의 변화를 나타낼 때 생각이나 마음이 바뀌었음을 나타낼 수 있어요.

我	不想说	了。	난 말 안 할래.
Wǒ	bù xiǎng shuō	le.	
나는	말하지 싶지 않다	~하게 됐다	

패턴으로 회화 레벨업!

 대화 속 문장을 중국어로 직접 말해 보세요!

1

개 올해 나이가 어떻게 되지? 他今年多大?
Tā jīnnián duōdà?

多大 duōdà 얼마인가?, 얼마나 큰가?

개 올해 서른이야.

2

너 몸이 안 좋아? 你身体不舒服吗?
Nǐ shēntǐ bù shūfu ma?

身体 shēntǐ 몡 몸 不舒服 bù shūfu (몸이) 안 좋다, 아프다

응. 나 감기 걸렸어. 嗯。
Èng.

3

나 간다.

비 온다. 우산 챙겨. 带伞吧。
Dài sǎn ba.

带 dài 동 챙기다, 지니다 伞 sǎn 몡 우산

1
他今年多大?
Tā jīnnián duōdà?

他今年三十了。
Tā jīnnián sānshí le.

2
你身体不舒服吗?
Nǐ shēntǐ bù shūfu ma?

嗯。我感冒了。
Èng. Wǒ gǎnmào le.

3
我走了。
Wǒ zǒu le.

下雨了。带伞吧。
Xiàyǔ le. Dài sǎn ba.

4

너 도착했어?

당연하지. 벌써 세 시잖아. 当然了。
Dāngrán le.

금방 갈게! 미안! 我马上去! 抱歉!
Wǒ mǎshàng qù! Bàoqiàn!

马上 mǎshàng 匣 금방, 곧　抱歉 bàoqiàn 匼 미안하다

5 영화 <致我们终将逝去的青春(우리가 잃어버릴 청춘)> 중, 시끄러운 소리에 놀라 샤오정에게
무슨 일인지 묻는 장카이

 장카이　무슨 일 났어? 出什么事了?
Chū shénme shì le?

出事 chūshì 匽 일이 일어나다

말하고 싶지 않아.  　샤오정

4

 你到了?
Nǐ dào le?

当然了。已经三点了。
Dāngrán le. Yǐjīng sān diǎn le.

 我马上去! 抱歉!
Wǒ mǎshàng qù! Bàoqiàn!

5

장카이 出什么事了?
Chū shénme shì le?

샤오정 我不想说了。
Wǒ bù xiǎng shuō le.

해커스 중국어회화 10분의 기적 패턴으로 말하기

"나 휴대폰 바꿨어."

"~했다"를 "~了"로 말해 보아요!

🗣 "~了"를 사용한 활용도 갑! 문장을 따라 읽어 보아요. 처음 두 번은 천천히, 마지막은 빠르게 읽어 보세요!

나 휴대폰 바꿨어.
🎙 我换了手机。
Wǒ huànle shǒujī.

나 비밀번호를 잊어버렸어.
🎙 我忘了密码。
Wǒ wàngle mìmǎ.

방금 봤어.
🎙 我刚才看了。
Wǒ gāngcái kàn le.

보고서 두 개 썼어요.
🎙 我写了两份报告。
Wǒ xiěle liǎng fèn bàogào.

걔네 아빠도 상해 가셨어.
🎙 他爸爸也去了上海。
Tā bàba yě qùle Shànghǎi.

뭐 보내셨어요?
🎙 你发了什么?
Nǐ fāle shénme?

네가 내 동생 때렸어?
🎙 你打我弟弟了吗?
Nǐ dǎ wǒ dìdi le ma?

메일 확인하셨어요 안 하셨어요?
🎙 你查看邮件了没有?
Nǐ chákàn yóujiàn le méiyǒu?

换 huàn 통바꾸다　手机 shǒujī 명휴대폰　忘 wàng 통잊다　密码 mìmǎ 명비밀번호　刚才 gāngcái 부방금
写 xiě 통쓰다　份 fèn 양개(신문, 문서 등을 세는 데 쓰임)　报告 bàogào 명보고서, 보고　也 yě 조~도
上海 Shànghǎi 고유상해　发 fā 통보내다　打 dǎ 통때리다　查看 chákàn 통확인하다　邮件 yóujiàn 명메일, 우편물

패턴 파헤치기

~了
le

'~했다'라는 의미로, 동작이 끝났다고 말할 수 있게 해주는 패턴이에요. 동사 뒤에 了만 붙이면 돼요. 이때 了는 동태조사임을 기억해 두세요.

**오늘의 패턴을 긍정문, 부정문, 의문문의 기본 문형으로 익혀 봅니다.
아래 문장을 큰 소리로 따라 읽어 보세요.**

긍정문

我	换了	手机。	나 휴대폰 바꿨어.
Wǒ	huànle	shǒujī.	
나는	바꿨다	휴대폰을	

부정문

동사 앞에 不가 아닌 没(有)를 붙이고 동태조사 了를 생략하면 부정문이 돼요.

我	没(有)	换	手机。	나 휴대폰 안 바꿨어.
Wǒ	méi(yǒu)	huàn	shǒujī.	
나는	~하지 않았다	바꾸다	휴대폰을	

의문문

동태조사 了를 생략한 후, 문장 끝에 어기조사 了+吗?를 붙이면 의문문이 되고, 了+没有를 붙이거나 동사 앞에 有没有를 붙이고 문장 끝에 물음표를 붙이면 정반의문문이 돼요.

你	换	手机	了	吗?	너 휴대폰 바꿨어?
Nǐ	huàn	shǒujī	le	ma?	
너는	바꾸다	휴대폰을	~했다	~니?	

의문문에서 어기조사 了를 붙이면, 상태가 변화되었음을 나타내기 때문에 동태조사 了는 생략해요.

你	换	手机	了	没有?	너 휴대폰 바꿨어 안 바꿨어?
Nǐ	huàn	shǒujī	le	méiyǒu?	
너는	바꾸다	휴대폰을	~했다	~했니 안 했니?	

동사 앞에 有没有를 붙여 정반의문문을 만들 때는 동태조사 了를 생략해요.
➡ 你有没有换手机?

不가 아니고 왜 没(有)일까?

不는 현재 또는 미래의 일을 부정할 때 쓰이고, 没有는 과거 또는 끝난 일을 부정할 때 쓰여요. 没有가 붙으면 이미 끝난 동작임을 나타내기 때문에, 동사 뒤에 了를 붙여 말할 필요가 없답니다. 정반의문문을 만들 때, 동사 앞에 有没有를 붙이면 동태조사 了를 생략하는 것도 같은 이유예요. 没有의 有는 자주 생략된다는 것도 알아 두세요.

해커스 중국어회화 10분의 기적 패턴으로 말하기

패턴으로 회화 레벨업!

 대화 속 문장을 중국어로 직접 말해 보세요!

1

 나 비밀번호를 잊어버렸어….

 아이고…. 哎呀…。
Āiya….

2

 네가 내 동생 때렸어?

누가 그래? 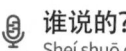 谁说的?
Shéi shuō de?

谁 shéi 대 누구 说 shuō 통 말하다

3

 메일 확인하셨어요 안 하셨어요?

아직이요. 뭘 보내셨는데요?  还没有。
Hái méiyǒu.

1
 我忘了密码…。
Wǒ wàngle mìmǎ….

 哎呀…。
Āiya….

2
 你打我弟弟了吗?
Nǐ dǎ wǒ dìdi le ma?

 谁说的?
Shéi shuō de?

3
 你查看邮件了没有?
Nǐ chákàn yóujiàn le méiyǒu?

 还没有。你发了什么?
Hái méiyǒu. Nǐ fāle shénme?

4

저 보고서 두 개 썼는데. 보셨어요?
 你看了吗?
Nǐ kànle ma?

방금 봤어. 좋더라.
 挺好。
Tǐng hǎo.

挺 tǐng 图 매우, 아주

감사합니다!
谢谢!
Xièxie!

5

영화 <左耳(좌이)> 중, 샤오얼에게 쉬이가 올해 돌아올 지 묻는 장양

장양
쉬이 걔 올해 돌아올까?
许弋他今年回来吗?
Xǔ yì tā jīnnián huílai ma?

许弋 Xǔ yì 图 쉬이(이름)　回来 huílai 图 돌아오다

개네 아빠도 상해 가셨어. 걔 안 돌아올 거야.
他不会回来。
Tā bú huì huílai.
샤오얼

4

我写了两份报告。 你看了吗?
Wǒ xiěle liǎng fèn bàogào. Nǐ kànle ma?

我刚才看了。 挺好。
Wǒ gāngcái kàn le. Tǐng hǎo.

谢谢!
Xièxie!

5

장양
许弋他今年回来吗?
Xǔ yì tā jīnnián huílai ma?

샤오얼
他爸爸也去了上海。 他不会回来。
Tā bàba yě qùle Shànghǎi. Tā bú huì huílai.

"걔 깜빡했나 봐."

"아마 ~할 것이다"를 "可能~"으로 말해 보아요!

 "可能~"을 사용한 활용도 갑! 문장을 따라 읽어 보아요. 처음 두 번은 천천히, 마지막은 빠르게 읽어 보세요!

 걔 깜빡했나 봐.	 他可能忘了。 Tā kěnéng wàng le.
 넌 아마 모르겠구나.	你可能不知道。 Nǐ kěnéng bù zhīdào.
 쟤가 너 좋아하나 봐.	他可能喜欢你。 Tā kěnéng xǐhuan nǐ.
 걔 아마 안 돌아올 거야.	她可能不回来。 Tā kěnéng bù huílai.
저 사람 이미 결혼했을 거야.	他可能已经结婚了。 Tā kěnéng yǐjing jiéhūn le.
아마 다음 주에 출근하실 거예요.	她可能下周上班。 Tā kěnéng xiàzhōu shàngbān.
무슨 일이 있나 봐요. (아마 무슨 일이 생겼나 봐요.)	可能出什么事了吧。 Kěnéng chū shénme shì le ba.
 아마 누가 신고했나 봐요.	可能有人举报了。 Kěnéng yǒurén jǔbào le.

忘 wàng 동 깜빡하다, 잊다   回来 huílai 동 돌아오다   结婚 jiéhūn 동 결혼하다   下周 xiàzhōu 명 다음 주

上班 shàngbān 동 출근하다   出事 chūshì 동 일이 생기다   有人 yǒurén 명 누군가, 어떤 사람

举报 jǔbào 동 신고하다, 고발하다

  **패턴 파헤치기**

可能~
kěnéng

'아마 ~할 것이다'라는 의미로 어떤 일이 생길 수 있다거나, 그렇게 됐을 거라는 추측을 전달하는 패턴이에요. 可能 뒤에 생길 수 있는 일을 나타내는 동사를 써서 말하면 돼요. 可能은 동사 또는 부사 앞에 오거나 문장 맨 앞에도 올 수 있답니다.

오늘의 패턴을 여러 가지 문장 형태로 익혀 봅니다.
아래 문장을 큰 소리로 따라 읽어 보세요.

可能+동사 형태

他	可能	忘	了。
Tā	kěnéng	wàng	le.
그는	아마 ~할 것이다	잊다	~했다

걔 깜빡했나 봐.
(걔 아마 잊었을 거야.)

可能+부사+동사 형태

他	可能	早就	忘	了。
Tā	kěnéng	zǎojiù	wàng	le.
그는	아마 ~할 것이다	진작에	잊다	~했다

걔 아마 진작에 까먹었을 거야.
(걔 아마 이미 잊었을 거야.)

可能+문장 형태   문장 맨 앞에 와도 의미는 같아요.

可能	他	忘	了。
Kěnéng	tā	wàng	le.
아마 ~할 것이다	그는	잊다	~했다

걔 깜빡했나 봐.
(아마 걔 잊었을 거야.)

可能	他	早就	忘	了。
Kěnéng	tā	zǎojiù	wàng	le.
아마 ~할 것이다	그는	진작에	잊다	~했다

걔 아마 진작 까먹었을 거야.
(아마 걔 이미 잊었을 거야.)

可能의 또 다른 의미 "가능하다, 가능성"
可能은 '가능하다'라는 형용사, 또는 '가능성'이라는 명사로도 사용돼요. '가능하다', '가능성'이란 의미로 바로 쓸 수 있는 문장들을 알아볼까요?

'가능하다'라는 형용사일 때> **不可能**! = 말도 안돼! / (그건) 불가능해!

　　　　　　　　　　　　　这可能吗? = 이게 가능해?

'가능성'이라는 명사일 때> **有可能**。 = 그럴지도. / 그럴 수도 있어. (그럴 가능성이 있어.)

　　　　　　　　　　　　哪有可能? = 그럴 리가? (어디 그럴 가능성이 있어?)

패턴으로 회화 레벨업!

 대화 속 문장을 중국어로 직접 말해 보세요!

1

 쟤가 너 좋아하나 봐.

말도 안 돼. **不可能。**
Bù kěnéng.

2

 저 사람 결혼했어? **那个人结婚了吗?**
Nàge rén jiéhūnle ma?

응. 저 사람 이미 결혼했을 거야. **嗯。**
Èng.

3

 사장님 오늘 안 오셨던데.
무슨 일이 있나 봐요. 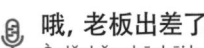 **老板今天没来。**
Lǎobǎn jīntiān méi lái.

老板 lǎobǎn 몡 사장

아, 사장님 출장 가셨어요.
아마 다음 주에 출근하실 거예요. **哦, 老板出差了。**
Ò, lǎobǎn chūchāi le.

出差 chūchāi 통 출장 가다

1
 他可能喜欢你。
Tā kěnéng xǐhuan nǐ.

不可能。
Bù kěnéng.

2
那个人结婚了吗?
Nàge rén jiéhūnle ma?

嗯。他可能已经结婚了。
Èng. Tā kěnéng yǐjing jiéhūn le.

3
老板今天没来。 可能出什么事了吧。
Lǎobǎn jīntiān méi lái. Kěnéng chū shénme shì le ba.

哦, 老板出差了。
Ò, lǎobǎn chūchāi le.

她可能下周上班。
Tā kěnéng xiàzhōu shàngbān.

4

 걔 미국 가? **她去美国吗?**
Tā qù Měiguó ma?

美国 Měiguó 고유 미국

아, 넌 아마 모르겠구나. 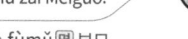 **哦,** ⬜⬜⬜⬜⬜⬜⬜⬜ **她父母在美国。**
걔 부모님께서 미국에 계셔. Ò, Tā fùmǔ zài Měiguó.

父母 fùmǔ 명 부모

 맞아, 그래서 걔 아마 **对啊, 所以** ⬜⬜⬜⬜⬜⬜⬜
안 돌아올 거야. Duì a, suǒyǐ

对 duì 형 맞다 所以 suǒyǐ 접 그래서

5 영화 <北京遇上西雅图(시절인연)> 중, 불법 산후 조리원 앞에 와 있는 경찰차를 발견한 쟈쟈와
프랭크

쟈쟈 무슨 일이에요?  **什么问题?**
Shénme wèntí?

问题 wèntí 명 문제

아마 누가 신고했나 봐요. ⬜⬜⬜⬜⬜⬜⬜⬜ 프랭크

4

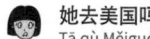 **她去美国吗?**
Tā qù Měiguó ma?

哦, 你可能不知道。 她父母在美国。
Ò, nǐ kěnéng bù zhīdào. Tā fùmǔ zài Měiguó.

对啊, 所以她可能不回来。
Duì a, suǒyǐ tā kěnéng bù huílai.

5

자자 **什么问题?**
Shénme wèntí?

프랭크 **可能有人举报了。**
Kěnéng yǒurén jǔbào le.

DAY 10

해커스 중국어회화 10분의 기적 패턴으로 말하기

"걔 우리 집에 와 봤어."

"~해 봤다, ~해 본 적 있다"를 "~过"로 말해 보아요!

"~过"를 사용한 활용도 갑! 문장을 따라 읽어 보아요. 처음 두 번은 천천히, 마지막은 빠르게 읽어 보세요!

걔 우리 집에 와 봤어.

他来过我家。
Tā láiguo wǒ jiā.

저 중국 가 봤어요.

我去过中国。
Wǒ qùguo Zhōngguó.

나 오늘 걔 마주친 적이 없네.

我今天没碰见过她。
Wǒ jīntiān méi pèngjiànguo tā.

나 그 영화 아직 안 봤어.

我还没看过这部电影。
Wǒ hái méi kànguo zhè bù diànyǐng.

너 시도해 봤어?

你试过吗?
Nǐ shìguo ma?

중국어 배워본 적 있어요?

你学过汉语吗?
Nǐ xuéguo Hànyǔ ma?

너희 나중에 뭐 할지 생각해 봤어?
(너희 나중에 뭐 할지 생각해 봤어 안 해 봤어?)

你们有没有想过以后要干吗?
Nǐmen yǒu méiyǒu xiǎngguo yǐhòu yào gànmá?

걔 오늘 출장 간다는 말 안 했어?
(걔가 오늘 출장이라고 얘기했어 안 했어?)

她有没有说过今天出差?
Tā yǒu méiyǒu shuōguo jīntiān chūchāi?

来 lái 통 오다 中国 Zhōngguó 고유 중국 碰见 pèngjiàn 통 마주치다, 우연히 만나다

部 bù 양 편(서적, 영화 등을 세는 단위) 电影 diànyǐng 명 영화 试 shì 통 시도하다, 시험 삼아 해보다

学 xué 배우다, 공부하다 汉语 Hànyǔ 명 중국어 以后 yǐhòu 명 나중에, 이후 干吗 gànmá 무엇을 하는가?

出差 chūchāi 통 출장 가다

 # 패턴 파헤치기

~过
guo

'~해 봤다', '~해 본 적 있다'라는 의미로, 전에 했던 동작이나 해 봤던 경험을 말할 수 있게 해주는 패턴이에요. 동사 뒤에 过만 붙이면 된답니다. 이때 过를 경성으로 읽는다는 것을 기억해 두세요.

 오늘의 패턴을 긍정문, 부정문, 의문문의 기본 문형으로 익혀 봅니다. 아래 문장을 큰 소리로 따라 읽어 보세요.

긍정문

他	来过	我家。	걔 우리 집에 와 봤어. /
Tā	láiguo	wǒ jiā.	걔 우리 집에 와본 적 있어.
그는	온 적 있다	우리 집에	

부정문
지난 일을 부정할 땐 동사 앞에 没(有)를 붙이면 돼요.

他	没(有)	来过	我家。	걔 우리 집에 안 와 봤어. /
Tā	méi(yǒu)	láiguo	wǒ jiā.	걔 우리 집에 와본 적 없어.
그는	~하지 않았다	온 적 있다	우리 집에	

의문문
문장 끝에 吗?를 붙이면 의문문이 되고, 문장 끝에 没有?를 붙이면 정반의문문이 돼요.

他	来过	你家	吗?	걔 너희 집에 와 봤어? /
Tā	láiguo	nǐ jiā	ma?	걔 너희 집에 와본 적 있어?
그는	온 적 있다	너희 집에	~니?	

他	来过	你家	没有?	걔 너희 집에 와 봤어 안 와봤어? /
Tā	láiguo	nǐ jiā	méiyǒu?	걔 너희 집에 와본 적 있어 없어?
그는	온 적 있다	너희 집에	~했니 안 했니?	

동사 앞에 **有没有**를 붙이고 문장 끝에 물음표를 붙여서 정반의문문을 만들 수도 있어요.
➡ 他有没有来过你家?

了와 过 둘 다 "~했다"? (了와 过의 차이)
중국어로 了와 过를 사용한 회화 문장을 우리말로 번역하면 모두 '~했다'가 되는 경우가 많아서 헷갈릴 수 있어요. 了는 동작이 끝났다는 사실만을 나타내지만, 过는 과거의 동작이 현재에 영향을 미친다는 의미까지 포함한답니다.
예> **我看了这部电影。** = 나 이 영화 봤어.
➡ 영화가 재미있었는지 아닌지 등의 결과는 알 수 없고, 이 영화를 봤다는 사실만 알 수 있음
我看过这部电影。 = 나 이 영화 봤어.
➡ 이 영화를 본 적 있으므로 또 보지 않겠다거나, 영화에 대한 의견이 있음 등의 의미를 포함함

 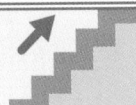

패턴으로 회화 레벨업!

 대화 속 문장을 중국어로 직접 말해 보세요!

1

 너 시도해 봤어?

아직. 还没有。
Hái méiyǒu.

2

이 영화 재미있어?  **这部电影好看吗?**
Zhè bù diànyǐng hǎokàn ma?

好看 hǎokàn 휑 재미있다, 보기 좋다

나 그 영화 아직 안 봤어.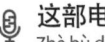

3

중국어 배워본 적 있어요?

중국은 가봤어요. 근데 **可是没有学过汉语。**
중국어를 배운 적은 없어요. Kěshì méiyǒu xuéguo Hànyǔ.

可是 kěshì 졉 그렇지만, 하지만

 1
 你试过吗?
Nǐ shìguo ma?

 还没有。
Hái méiyǒu.

2
这部电影好看吗?
Zhè bù diànyǐng hǎokàn ma?

我还没看过这部电影。
Wǒ hái méi kànguo zhè bù diànyǐng.

3
你学过汉语吗?
Nǐ xuéguo Hànyǔ ma?

我去过中国。
Wǒ qùguo Zhōngguó.

可是没有学过汉语。
Kěshì méiyǒu xuéguo Hànyǔ.

4

나 오늘 지현씨 마주친 적이 없네.

智贤 Zhìxián 몡 지현(이름)

지현씨가 오늘 출장 간다는 말 안 했어?

안 했는데! 没有啊!
Méiyǒu a!

5 영화 <那些年, 我们一起追的女孩儿(그 시절, 우리가 좋아했던 소녀)> 중, 고등학교 졸업하고 뭐 할지 얘기하는 아이들

밍허 너희 나중에 뭐 할지 생각해 봤어?

나는 외국 가서 공부하고 싶어. 我想出国念书。
Wǒ xiǎng chūguó niànshū. 보춘

想 xiǎng 조동 ~하고 싶다 出国 chūguó 통 외국에 가다, 출국하다
念书 niànshū 통 공부하다

4

我今天没碰见过智贤。
Wǒ jīntiān méi pèngjiànguo Zhìxián.

她有没有说过今天出差?
Tā yǒu méiyǒu shuōguo jīntiān chūchāi?

没有啊!
Méiyǒu a!

5

밍허
你们有没有想过以后要干吗?
Nǐmen yǒu méiyǒu xiǎngguo yǐhòu yào gànmá?

보춘
我想出国念书。
Wǒ xiǎng chūguó niànshū.

"영화 다 봤어."

"다 / 잘 ~했다"를 "~完 / 好"로 말해 보아요!

"~完 / 好"를 사용한 활용도 갑! 문장을 따라 읽어 보아요! 처음 두 번은 천천히, 마지막은 빠르게 읽어 보세요!

영화 다 봤어.
看完电影了。
Kànwán diànyǐng le.

진작에 다 했죠.
早就做完了。
Zǎojiù zuòwán le.

이 책 다 읽었어?
这本书读完了吗?
Zhè běn shū dúwán le ma?

업무 다 하셨어요?
(업무 다 끝냈어요 못 끝냈어요?)
业务有没有办完?
Yèwù yǒu méiyǒu bànwán?

어젯밤에 잘 못 잤어.
昨晚没(有)睡好。
Zuówǎn méi(yǒu) shuìhǎo.

너 잘 생각했어?
你想好了吗?
Nǐ xiǎnghǎo le ma?

모두 다 착석하셨나요?
(다들 잘 앉으셨나요?)
大家都坐好了吗?
Dàjiā dōu zuòhǎo le ma?

준비 다 됐어?
(준비 잘 됐어 안 됐어?)
准备好了没有?
Zhǔnbèi hǎo le méiyǒu?

早就 zǎojiù 문 진작   做 zuò 통 하다   本 běn 양 권(책을 세는 단위)   书 shū 명 책   读 dú 통 읽다
业务 yèwù 명 업무   办 bàn 통 하다, 처리하다   昨晚 zuówǎn 명 어젯밤   睡 shuì 통 (잠을) 자다   想 xiǎng 통 생각하다
大家 dàjiā 대 모두, 모든 사람   都 dōu 문 모두, 다   坐 zuò 통 착석하다, 앉다   准备 zhǔnbèi 통 준비하다

 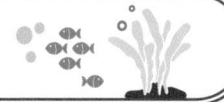

패턴 파헤치기

~完/好
wán hǎo

'다/잘 ~했다'라는 의미로, ~完은 동작이 다 끝났음을, ~好는 동작이 잘 끝 났음을 말할 수 있게 해주는 패턴이에요. 동사 뒤에 完 또는 好만 붙이면 된 답니다. 이처럼 동사 뒤에 붙어 동작의 결과를 보충해 주는 표현을 결과보어 라고 해요.

 오늘의 패턴을 긍정문, 부정문, 의문문의 기본 문형으로 익혀 봅니다. 아래 문장을 큰 소리로 따라 읽어 보세요.

긍정문   '~完/好' 패턴은 완료된 동작의 결과나 상태를 나타내기 때문에, 문장 끝에 了를 붙여요.

看完/好	电影	了。	영화 다/잘 봤어.
Kànwán / hǎo	diànyǐng	le.	
다 보다/잘 보다	영화를	~했다	

부정문   지난 일을 부정 할 땐, 동사 앞에 没(有)를 붙이면 돼요. 没(有)를 붙이면 지난 일임을 알 수 있기 때문에 문장 끝에 了를 붙이지 않아요.

没(有)	看完/好	电影。	영화 다/잘 못 봤어.
Méi(yǒu)	kànwán / hǎo	diànyǐng.	
~하지 않았다	다 보다/잘 보다	영화를	

의문문   문장 맨 끝에 吗?를 붙이면 의문문이 돼요. 문장 끝에 没有?를 붙이면 정반의문문이 돼요.

看完/好	电影	了	吗?	영화 다/잘 봤어?
Kànwán / hǎo	diànyǐng	le	ma?	
다 보다/잘 보다	영화를	~했다	~니?	

看完/好	电影	了	没有?	영화 다/잘 봤어 못 봤어?
Kànwán / hǎo	diànyǐng	le	méiyǒu?	
다 보다/잘 보다	영화를	~했다	~했니 못 했니?	

동사 앞에 **有没有**를 붙이고 문장 끝에 물음표를 붙여도 정반의문문이 돼요. **有没有**를 붙일 땐 **了**를 생략해요.
➡ **有没看完电影?**

패턴으로 회화 레벨업!

 대화 속 문장을 중국어로 직접 말해 보세요!

1

모두 다 착석하셨나요?

네! 坐好了!
Zuòhǎo le!

2

이 책 다 읽었어?

다 읽었어. 재미있더라.  读完了。很有意思。
Dúwán le. Hěn yǒu yìsi.

有意思 yǒu yìsi 재미있다

3

업무 다 하셨어요?

진작에 다 했죠.

1
 大家都坐好了吗?
Dàjiā dōu zuòhǎo le ma?

坐好了!
Zuòhǎo le!

2
 这本书读完了吗?
Zhè běn shū dúwán le ma?

读完了。很有意思。
Dúwán le. Hěn yǒu yìsi.

3
 业务有没有办完?
Yèwù yǒu méiyǒu bànwán?

早就做完了。
Zǎojiù zuòwán le.

4

 준비 다 됐어?

 아직! 나 방금 일어났어. 어젯밤에 잘 못 잤어. **还没有！我刚起床。**
Hái méiyǒu! Wǒ gāng qǐchuáng.

刚 gāng 부 방금, 막 起床 qǐchuáng 통 일어나다, 기상하다

 아이고! 서둘러! **哎哟！快点儿！**
Āiyō! Kuài diǎnr!

快点儿 kuài diǎnr 서둘러

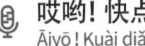 영화 <分手合约(이별계약)> 중, 마오마오에게 상해로 떠날 거라고 말하는 챠오챠오

 챠오 챠오 나 상해 갈 거야. 집 벌써 팔아버렸어.  **我要去上海了。房子已经卖掉了。**
Wǒ yào qù Shànghǎi le. Fángzi yǐjing màidiào le.

房子 fángzi 명 집 卖掉 màidiào 통 팔아버리다

너 잘 생각했어?   마오 마오

 4

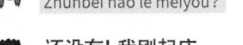 **准备好了没有？**
Zhǔnbèi hǎo le méiyǒu?

 还没有！我刚起床。 **昨晚没(有)睡好。**
Hái méiyǒu! Wǒ gāng qǐchuáng. Zuówǎn méi(yǒu) shuìhǎo.

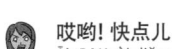 **哎哟！快点儿！**
Āiyō! Kuài diǎnr!

 5

 我要去上海了。房子已经卖掉了。
Wǒ yào qù Shànghǎi le. Fángzi yǐjing màidiào le.

 你想好了吗？
Nǐ xiǎnghǎo le ma?

DAY 13

"나 아주 잘 지내."

"B하게 A하다"를 "A 得 B"로 말해 보아요!

"A 得 B"를 사용한 활용도 갑! 문장을 따라 읽어 보아요! 처음 두 번은 천천히, 마지막은 빠르게 읽어 보세요!

 나 아주 잘 지내. / 나 아주 잘 지냈어.
我过得挺好。
Wǒ guò de tǐng hǎo.

 나 지금 아주 자유롭게 살고 있어.
我现在活得很自由啊。
Wǒ xiànzài huó de hěn zìyóu a.

 일리 있는 말이네. / 일리 있게 말했네.
说得很有道理。
Shuō de hěn yǒu dàoli.

 어젯밤에 잘 못 쉬었어.
昨晚休息得不好。
Zuówǎn xiūxi de bù hǎo.

 나 어제 많이 안 마셨어.
我昨天喝得不多。
Wǒ zuótiān hē de bù duō.

 너 (노래) 잘해?
你唱得好吗?
Nǐ chàng de hǎo ma?

 걔 어떻게 생겼어?
他长得怎么样?
Tā zhǎng de zěnmeyàng?

 내 말이 맞아 안 맞아? / 내가 맞게 말했어 안 했어?
我说得对不对?
Wǒ shuō de duì bu duì?

过 guò 통 지내다, (시간을) 보내다　挺 tǐng 부 아주, 매우　好 hǎo 형 좋다　现在 xiànzài 명 지금　活 huó 통 살다
自由 zìyóu 형 자유롭다　有道理 yǒu dàoli 일리 있다　昨晚 zuówǎn 명 어젯밤　休息 xiūxi 통 쉬다
昨天 zuótiān 명 어제　喝 hē 통 마시다　多 duō 형 많다　唱 chàng 통 노래 부르다　长 zhǎng 통 생기다
怎么样 zěnmeyàng 대 어떻다, 어떠하다　对 duì 형 맞다

 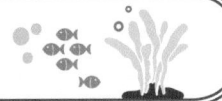

패턴 파헤치기

$$A\ 得\ B$$
de

'B하게 A하다(A하는데 B하게 하다)'라는 의미로, 어떤 동작을 어느 정도로 또는 어떻게 하는지 말할 수 있게 해주는 패턴이에요. A에는 동사를, B에는 형용사를 넣어 말하면 돼요. 이때 B는 동사 A의 정도를 보충해주는 역할을 하기 때문에 정도보어이고, 得는 말과 말을 연결해 주는 구조조사랍니다.

 오늘의 패턴을 긍정문, 부정문, 의문문의 기본 문형으로 익혀 봅니다.
아래 문장을 큰 소리로 따라 읽어 보세요.

긍정문 시간적 배경이 없는 경우, A 得 B는 맥락에 따라 '~하다'와 '~했다' 두 가지 의미를 나타낼 수 있어요.

我	过	得	挺	好。	나 아주 잘 지내./나 아주 잘 지냈어.
Wǒ	guò	de	tǐng	hǎo.	
나는	지내다		매우	좋다	

부정문 B앞에 不를 붙이거나 B의 내용을 반대로 바꾸면 부정문이 돼요.

我	过	得	不	好。	나 잘 못 지내./나 잘 못 지냈어.
Wǒ	guò	de	bù	hǎo.	
나는	지내다		아니	좋다	

의문문 문장 맨 끝에 吗?를 붙이면 의문문이 되고, B를 ~不~ 형태로 바꾸고 문장 끝에 물음표를 붙이면 정반의문문이 돼요.

你	过	得	好	吗?	너 잘 지내?/너 잘 지냈어?
Nǐ	guò	de	hǎo	ma?	
너는	지내다		좋다	~니?	

你	过	得	好不好?	너 잘 지내 못 지내?/
Nǐ	guò	de	hǎo bu hǎo?	너 잘 지냈어 못 지냈어?
너는	지내다		좋니 안 좋니?	

> "어떻게 지내?"라는 말은, 得 뒤에 '어때?'라는 의미의
> **'怎么样**'을 붙여서 **"过得怎么样?"**이라고 말하면 된답니다!

정반의문문을 만들 때, 형용사를 ~不~형태로 만드는 방법!

1음절 형용사 'A'는 'A不A'의 형태로 바꿔요.

예> **好 ➡ 好不好**

　　对 ➡ 对不对

2음절 형용사 'AB'는 'A不AB' 또는 'AB不AB' 형태로 바꾸는데, 'A不AB' 형태를 더 자주 써요.

예> **认真 ➡ 认不认真 / 认真不认真**

　　自由 ➡ 自不自由 / 自由不自由

 ## 패턴으로 회화 레벨업!

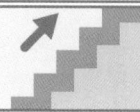

 대화 속 문장을 중국어로 직접 말해 보세요!

1

 너 노래 잘해?

별로 못 해.  **不太好。**
Bú tài hǎo.

不太 bú tài 별로 ~하지 않다

2

 걔 어떻게 생겼어?

아주 잘생겼어.  **长得很帅。**
Zhǎng de hěn shuài.

帅 shuài 형 잘생기다, 멋지다

3

 내 말이 맞아 안 맞아?

음…. 일리 있는 말이야. 嗯…。
Èng….

1
 你唱得好吗?
Nǐ chàng de hǎo ma?

 不太好。
Bú tài hǎo.

2
 他长得怎么样?
Tā zhǎng de zěnmeyàng?

 长得很帅。
Zhǎng de hěn shuài.

3
 我说得对不对?
Wǒ shuō de duì bu duì?

 嗯…。说得很有道理。
Èng…. Shuō de hěn yǒu dàoli.

4

 나 어제 많이 안 마셨어.

근데 너 안색이 엄청 안 좋아. 可是你脸色很不好呀。
Kěshì nǐ liǎnsè hěn bù hǎo ya.

可是 kěshì 접 그런데, 하지만 脸色 liǎnsè 명 안색

 어젯밤에 잘 못 쉬었거든.

5 영화 <喜欢你(그래도 좋아해)> 중, 금전적 문제와 결혼에 대해 조급해하지 않고 자유롭게 잘 살고 있다고 말하는 성난과 그 말에 동의하지 않는 친구 자오디

 나 지금 아주 자유롭게 살고 있어.

그건 다 가짜 자유야. 那都是假自由啊。  자오디
Nà dōu shì jiǎ zìyóu a.

都 dōu 부 다, 모두 假 jiǎ 형 가짜의, 거짓의 自由 zìyóu 명 자유

4

 我昨天喝得不多。
Wǒ zuótiān hē de bù duō.

 可是你脸色很不好呀。
Kěshì nǐ liǎnsè hěn bù hǎo ya.

 昨晚休息得不好。
Zuówǎn xiūxi de bù hǎo.

5

 我现在活得很自由啊。
Wǒ xiànzài huó de hěn zìyóu a.

 那都是假自由啊。
Nà dōu shì jiǎ zìyóu a.

DAY 13

해커스 중국어회화 10분의 기적 패턴으로 말하기

"오늘은 비가 쉬지 않고 오네."

"A하게 B하다"를 "A 地 B"로 말해 보아요!

"A 地 B"를 사용한 활용도 갑! 문장을 따라 읽어 보아요! 처음 두 번은 천천히, 마지막은 빠르게 읽어 보세요!

오늘은 비가 쉬지 않고 오네.

🎙 今天雨不停地下啊。
Jīntiān yǔ bù tíng de xià a.

상황이 천천히 좋아졌어.

🎙 情况慢慢地变好了。
Qíngkuàng mànmàn de biànhǎo le.

그가 이 말을 반복해서 강조했어.

🎙 他反复地强调了这句话。
Tā fǎnfù de qiángdiàole zhè jù huà.

작년엔 나 혼자 외롭게 설을 보냈어.

🎙 去年我一个人孤零零地过年了。
Qùnián wǒ yí ge rén gūlínglíng de guònián le.

쟤 열심히 공부하고 있어.

🎙 她在认真地学习。
Tā zài rènzhēn de xuéxí.

우리가 열렬히 환영해 줄게.
(우리가 너를 열렬히 환영할 거야.)

🎙 我们会热烈地欢迎你。
Wǒmen huì rèliè de huānyíng nǐ.

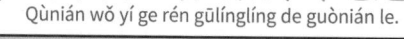

쟤는 저기서 조용히 뭐 하는 거야?

🎙 她在那儿默默地干什么呢?
Tā zài nàr mòmò de gàn shénme ne?

우리 냉정하게 생각해야 해.

🎙 我们要冷静地思考。
Wǒmen yào lěngjìng de sīkǎo.

停 tíng 图 쉬다, 멈추다　情况 qíngkuàng 명 상황　慢慢 mànmàn 천천히　变好 biànhǎo 좋아지다

反复 fǎnfù 图 반복하여　强调 qiángdiào 图 강조하다　这句话 zhè jù huà 이 말　去年 qùnián 명 작년

孤零零 gūlínglíng 형 외롭다　过年 guònián 图 설을 쇠다　热烈 rèliè 형 열렬하다　欢迎 huānyíng 图 환영하다

默默 mòmò 묵묵히, 잠잠히　冷静 lěngjìng 형 냉정하다, 침착하다　思考 sīkǎo 图 사고하다, 숙고하다

  패턴 파헤치기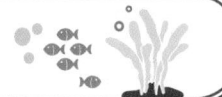

A 地 B
de

'A하게 B하다'라는 의미로, 동작의 방식이나 태도를 말할 수 있게 해주는 패턴이에요. B에는 동작을 나타내는 동사를 넣고 A에는 형용사, 부사, 또는 동사를 넣어서 말하면 돼요. 여기서 'A 地'가 동사 B를 꾸며주는 부사어가 된답니다. 참고로 A에 오는 형용사는 2음절 이상이어야 해요.

 오늘의 패턴을 자주 사용되는 상황별 예문으로 익혀 봅니다.
아래 문장을 큰 소리로 따라 읽어 보세요.

동작의 방식을 나타낼 때

今天	雨	不停	地	下	啊。	오늘은 비가 쉬지 않고 오네.
Jīntian	yǔ	bù tíng	de	xià	a.	
오늘은	비가	쉬지 않다	~하게	내리다	~하네	

他	反复	地	强调	了	这句话。	그가 이 말을 반복해서 강조했어.
Tā	fǎnfù	de	qiángdiào	le	zhè jù huà.	
그는	반복하여	~하게	강조하다	~했다	이 말을	

동작의 태도를 나타낼 때

她	在	认真	地	学习。	쟤 열심히 공부하고 있어.
Tā	zài	rènzhēn	de	xuéxí.	
그녀는	~하고 있다	열심이다	~하게	공부하다	

我们	要	冷静	地	思考。	우리 냉정하게 생각해야 해.
Wǒmen	yào	lěngjìng	de	sīkǎo.	
우리는	~해야 하다	냉정하다	~하게	생각하다	

慢地가 아니고 왜 慢慢地일까?

地 앞에서 동작을 꾸며 주는 형용사는 2음절 이상이어야 하기 때문에, 1음절 형용사는 사용할 수 없다고 생각하기 쉽지만 그렇지 않아요. 1음절 형용사 'A'를 'AA'의 중첩 형태로 쓰면 된답니다. 형용사 'A' 또는 'AB'를, 각각 'AA'나 'AABB/ABAB'의 형태로 반복하는 것을 '형용사의 중첩'이라고 해요. 형용사의 중첩은 의미를 강조하는 역할을 해요.

예> 情况慢慢地变好了。　(O)
　　情况慢地变好了。　　(X)
　　默默地干什么呢？　　(O)
　　默地干什么呢？　　　(X)

패턴으로 회화 레벨업!

 대화 속 문장을 중국어로 직접 말해 보세요!

1

 작년엔 나 혼자 외롭게 설을 보냈어.

올해는 같이 보내자! **今年一起过吧!**
Jīnnián yìqǐ guò ba!

过 guò 통 (시간을) 보내다

2

 너희 나 환영해 줄 거야? **你们会欢迎我吗?**
Nǐmen huì huānyíng wǒ ma?

당연하지! 우리가
열렬히 환영해 줄게. **当然啊!**
Dāngrán a!

3

 쟤는 저기서 조용히 뭐 하는 거야?

쟤 열심히 공부하고 있어.

1

 去年我一个人孤零零地
Qùnián wǒ yí ge rén gūlínglíng de
过年了。
guòniánle.

 今年一起过吧!
Jīnnián yìqǐ guò ba!

2

 你们会欢迎我吗?
Nǐmen huì huānyíng wǒ ma?

 当然啊!
Dāngrán a !

我们会热烈地欢迎你。
Wǒmen huì rèliè de huānyíng nǐ.

3

 她在那儿默默地
Tā zài nàr mòmò de
干什么呢?
gàn shénme ne?

 她在认真地学习。
Tā zài rènzhēn de xuéxí.

4 ───────────────────────────────

 사장님께서 이 말을 반복해서 강조하셨어요.

뭘 강조하셨는데요? **强调了什么?**
Qiángdiàole shénme?

 우리 냉정하게 생각해야 한다고요.

 5 영화 <左耳(좌이)> 중, 차츰 안정되어 가는 상황에 대한 샤오얼의 독백

샤오얼 상황은 천천히 좋아졌다.

패턴으로 술술 말해보기! ①

지금까지 배웠던 패턴과 문장을 활용하여, 아래의 일상 회화를 한글만 보고
중국어로 말해 보세요! 다 말해 본 후에는 오른쪽에서 제대로 말했는지
확인해보고, 큰 소리로 따라 말해 보세요.

🎧 패턴술술 1

1

사장님 지금 안 계시네.

Day 1

그래? 그럼 나 집에 가야지.

Day 5

너 집에 가도 돼?
업무 다 끝냈어?

Day 7, 12

진작에 다 했지.
나 퇴근해도 돼. 나 간다.

Day 12, 7, 8

2

내 말이 맞아 안 맞아?

Day 13

뭐? 미안….
다시 한번 말해줄 수 있어?

Day 6

너 딴생각하고 있네, 맞지?

Day 2

사실, 나 계속 어제 일 생각하고 있어.

Day 3

⚡ 其实 qíshí 🗨 사실은

老板现在不在。
Lǎobǎn xiànzài bú zài.

是吗? 那我要回家。
Shì ma? Nà wǒ yào huíjiā.

你可以回家吗?
Nǐ kěyǐ huíjiā ma?
业务有没有办完?
Yèwù yǒu méiyǒu bànwán?

早就做完了。
Zǎojiù zuòwán le.
我可以下班。我走了。
Wǒ kěyǐ xiàbān. Wǒ zǒu le.

我说得对不对?
Wǒ shuō de duì bu duì?

什么? 对不起…。
Shénme? Duìbuqǐ….
你能再说一遍吗?
Nǐ néng zài shuō yí biàn ma?

你在想别的事情, 对吧?
Nǐ zài xiǎng biéde shìqing, duì ba?

其实, 我一直想着昨天的事。
Qíshí, wǒ yìzhí xiǎngzhe zuótiān de shì.

3

나 요즘 주혁이를 마주친 적이 없어.

💡 杜赫 Zhùhè [이름]주혁

Day 11

개 상해 갔잖아.

Day 9

엥? 그럼 개 언제 돌아와?

💡 什么时候 shénme shíhou 언제

개 아마 안 돌아올지도.
걔네 아빠도 가셨어.

Day 10, 9

흑흑…나 주혁이 보고 싶어.

상해 가봐.
개가 분명 열렬히 널 환영해줄 거야.

💡 肯定 kěndìng [부]분명, 확실히

Day 14

我最近没碰见过柱赫。
Wǒ zuìjìn méi pèngjiànguo Zhùhè.

他去了上海。
Tā qùle Shànghǎi.

 咦? 那他什么时候回来?
Yí? Nà tā shénme shíhou huílai?

他可能不回来。
Tā kěnéng bù huílai.
他爸爸也去了。
Tā bàba yě qù le.

 呜呜⋯我想他。
Wūwū⋯Wǒ xiǎng tā.

你去上海吧。
Nǐ qù Shànghǎi ba.
他肯定会热烈地欢迎你。
Tā kěndìng huì rèliè de huānyíng nǐ.

china.Hackers.com

슬~쩍 감정을 전달하는 패턴

평상시 대화를 할 때, 자신의 감정을 직설적으로 전달하기보다는 넌지시 전달할 때가 있죠? 중국어에도 자신의 감정을 슬~쩍 전달할 때 유용한 패턴이 있답니다. 이 패턴들을 잘 기억해서 내 마음 속 감정을 슬그머니 전달해 보아요!

"왜 말을 안 해?"

"왜?, 어떻게?, 어떤?"을 "怎么~?"로 말해 보아요!

"怎么~?"를 사용한 활용도 갑! 문장을 따라 읽어 보아요! 처음 두 번은 천천히, 마지막은 빠르게 읽어 보세요!

왜 말을 안 해?

怎么不说?
Zěnme bù shuō?

너 왜 돌아왔어?

你怎么回来了呀?
Nǐ zěnme huílaile ya?

사람이 왜 이렇게 많아?
/사람이 어쩜 이렇게 많지?

人怎么这么多?
Rén zěnme zhème duō?

왜 노크를 안 해?

你怎么不敲门啊?
Nǐ zěnme bù qiāo mén a?

어떡해?
(어떻게 해?)

怎么办?
Zěnme bàn?

김치볶음밥은 어떻게 만들어?

辛奇炒饭怎么做?
Xīnqí chǎofàn zěnme zuò?

왜 그래? / 어떻게 된 거야?
/무슨 일이야?

怎么了?
Zěnme le?

맛이 어때?

味道怎么样?
Wèidao zěnmeyàng?

回来 huílai 图 돌아오다　这么 zhème 団 이렇게, 이러한　多 duō 匓 많다　敲 qiāo 图 두드리다　门 mén 囘 문

敲门 qiāo mén 노크하다　辛奇 xīnqí 囘 김치　炒饭 chǎofàn 囘 볶음밥　做 zuò 图 만들다, 하다

味道 wèidao 囘 맛

  **패턴 파헤치기**

怎么~?
zěnme

'왜?, 어떻게?, 어떤?'이라는 의미로, 이유, 방법 또는 상태를 물을 때 쓰는 패턴이에요. 怎么 뒤에 묻고자 하는 말을 붙이면 돼요. 의아함, 무언가 맘에 들지 않는다는 불만, 또는 못마땅함을 전달할 수 있어요.

**오늘의 패턴을 자주 사용되는 상황별 예문으로 익혀 봅니다.
아래 문장을 큰 소리로 따라 읽어 보세요.**

이유를 물을 때 이유를 물을 때는 怎么가 '왜, 어째서'로 해석돼요. 의아함이나 무언가 맘에 들지 않는다는 뉘앙스를 표현할 때 자주 쓰여요.

你	怎么	不	说?	
Nǐ	zěnme	bù	shuō?	너 왜 말을 안 해?
너는	왜, 어째서	아니	말하다	

방법을 물을 때 방법을 물을 때는 怎么가 '어떻게'로 해석돼요.

怎么	办?	
Zěnme	bàn?	어떡해?
어떻게	처리하다	(어떻게 해?)

辛奇炒饭	怎么	做?	
Xīnqí chǎofàn	zěnme	zuò?	김치볶음밥은 어떻게 만들어?
김치볶음밥은	어떻게	만들다	

상태나 상황이 어떠한지를 물을 때 상태나 상황을 물을 때는 怎么가 '어떤, 어떠하다'로 해석돼요.

味道	怎么	样?	
Wèidao	zěnme	yàng?	맛이 어때?
맛이	어떤, 어떠하다	모양	

패턴으로 회화 레벨업!

 대화 속 문장을 중국어로 직접 말해 보세요!

1

 맛이 어때?

엄청 맛있어! **特别好吃!** Tèbié hǎochī!

特别 tèbié 🖐 엄청, 아주   好吃 hǎochī 🔲 맛있다

2

 너 왜 돌아왔어?

지갑을 깜빡했어.  **忘带了钱包。** Wàng dàile qiánbāo.

忘 wàng 🔲 잊다   带 dài 🔲 챙기다, 휴대하다   钱包 qiánbāo 🔲 지갑

3

 오늘 사람이 왜 이렇게 많아?

어떡하지? 다른 데 갈까? **去别的地方?** Qù biéde dìfang?

别的 biéde 🔲 다른, 다른 것   地方 dìfang 🔲 곳, 장소

---

1 味道怎么样?
Wèidao zěnmeyàng?

2 你怎么回来了呀?
Nǐ zěnme huílaile ya?

3 今天人怎么这么多?
Jīntiān rén zěnme zhème duō?

 特别好吃!
Tèbié hǎochī!

 忘带了钱包。
Wàng dàile qiánbāo.

怎么办? 去别的地方?
Zěnme bàn? Qù biéde dìfang?

74 패턴으로 생각 말하기 MP3 china.Hackers.com

4

 왜 그래? (무슨 일이야?) 🎤

음…김치볶음밥 어떻게 만들어? 🎤 嗯⋯
Èng⋯

내가 할게. 🎤 **我来吧。**
Wǒ lái ba.

来 lái 통 (어떤 동작을) 하다(의미가 구체적인 동사를 대신해서 쓰임)

5 영화 <北京遇上西雅图(시절인연)> 중, 화장실 문을 노크 없이 연 쟈쟈

저우이 어이, 왜 노크를 안 해? 🎤 **嗨,**
Hēi,

넌 왜 문을 안 잠그는데? 🎤 **你怎么不锁门啊。**
Nǐ zěnme bù suǒ mén a. 쟈쟈

锁 suǒ 통 잠그다

4

怎么了?
Zěnme le?

嗯⋯ **辛奇炒饭怎么做?**
Èng⋯ xīnqí chǎofàn zěnme zuò?

我来吧。
Wǒ lái ba.

5

저우이 **嗨, 你怎么不敲门啊?**
Hēi, nǐ zěnme bù qiāo mén a?

쟈자 **你怎么不锁门啊。**
Nǐ zěnme bù suǒ mén a.

"너 이리 좀 와 봐."

"좀 ~하다, 한번 ~해 보다"를 "~一下"로 말해 보아요!

~一下"를 사용한 활용도 갑! 문장을 따라 읽어 보아요! 처음 두 번은 천천히, 마지막은 빠르게 읽어 보세요!

너 이리 좀 와 봐.
你过来一下。
Nǐ guòlai yíxià.

휴대폰 좀 빌려줘.
手机借我一下。
Shǒujī jiè wǒ yíxià.

나 먼저 생각 좀 해 볼게.
我先想一下。
Wǒ xiān xiǎng yíxià.

한번 (시도) 해 봐.
你试一下。
Nǐ shì yíxià.

내가 다시 좀 찾아볼게.
我再找一下。
Wǒ zài zhǎo yíxià.

당신의 느낀 점을 얘기해 주세요.
请说一下你的感受。
Qǐng shuō yíxià nǐ de gǎnshòu.

문 좀 열어 주세요.
请开一下门。
Qǐng kāi yíxià mén.

조금만 기다려 주세요.
请稍等一下。
Qǐng shāo děng yíxià.

过来 guòlai 통 오다 手机 shǒujī 명 휴대폰 借 jiè 통 빌려주다, 빌리다 先 xiān 부 먼저

试 shì 통 시도하다, 시험 삼아 해보다 再 zài 부 다시 找 zhǎo 통 찾다 请 qǐng 통 ~해 주세요, 부탁하다

感受 gǎnshòu 명 느낀 점, 감상 开 kāi 통 열다 稍 shāo 부 조금

패턴 파헤치기

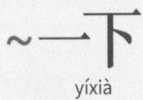

~一下
yíxià

~一下 는 '좀 ~하다, 한번 ~해 보다'라는 의미의 패턴이에요. 동사 뒤에 一下만 붙이면 돼요. 문장 맨 앞에 '~해 주세요'라는 뜻의 请(qǐng)을 붙이면 부드러움과 공손함을 조금 더 전달할 수 있어요.

 오늘의 패턴을 여러 가지 문장 형태로 익혀 봅니다.
아래 문장을 큰 소리로 따라 읽어 보세요.

~一下 형태

你	过来	一下。	너 이리 좀 와 봐.
Nǐ	guòlai	yíxià.	
너는	이리로 오다	좀 ~하다	

我	先	想	一下。	나 먼저 생각 좀 해 볼게.
Wǒ	xiān	xiǎng	yíxià.	
나는	먼저	생각하다	좀 ~하다	

请~一下 형태

윗사람에게 이야기하거나, 정중히 부탁하고 싶을 땐 문장 맨 앞에 请을 붙이면 돼요.

请	开	一下	门。	문 좀 열어 주세요.
Qǐng	kāi	yíxià	mén.	
~해 주세요	열다	좀 ~하다	문을	

请	稍	等	一下。	조금만 기다려 주세요.
Qǐng	shāo	děng	yíxià.	
~해 주세요	조금	기다리다	좀 ~하다	

해커스 중국어회화 10분의 기적 패턴으로 말하기

 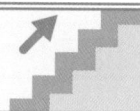

패턴으로 회화 레벨업!

 대화 속 문장을 중국어로 직접 말해 보세요!

1

 저기요, 주문할게요. **服务员，点菜。**
Fúwùyuán, diǎn cài.

服务员 fúwùyuán 몡 종업원　点 diǎn 통 주문하다　菜 cài 몡 요리

조금만 기다려 주세요.

2

 문 좀 열어 주세요.

네. 바로 갈게요. **好的。我马上来。**
Hǎo de. Wǒ mǎshàng lái.

3

 당신의 느낀 점을 말해 주세요.

음, 저 먼저 생각 좀 해 볼게요. **嗯,**
Èng,

---

1 服务员，点菜。
Fúwùyuán, diǎn cài.

 请稍等一下。
Qǐng shāo děng yíxià.

2 请开一下门。
Qǐng kāi yíxià mén.

 好的。我马上来。
Hǎo de. Wǒ mǎshàng lái.

3 请说一下你的感受。
Qǐng shuō yíxià nǐ de gǎnshòu.

 嗯, 我先想一下。
Èng, wǒ xiān xiǎng yíxià.

4

 이어폰 좀 빌려줘.

耳机 ěrjī 명 이어폰

네 이어폰은? 你的耳机呢?
Nǐ de ěrjī ne?

 아니다. 내가 다시 좀 찾아볼게. 算了。
Suàn le.

算了 suàn le 통 아니다, 됐다

---

5 영화 <后来的我们(먼 훗날 우리)> 중, 귀찮아하며 아버지에게 TV 사용법을 알려주는 지엔칭을
보고 자기가 대신 가르쳐 드리겠다고 말하는 샤오샤오

지엔칭 아버지, 한번 해 보세요. 爸,
Bà,

아저씨 내가 알려 드릴게. 我教叔叔吧。
Wǒ jiāo shūshu ba. 샤오
샤오

教 jiāo 통 알려주다, 가르치다   叔叔 shūshu 명 아저씨

4

 耳机借我一下。
Ěrjī jiè wǒ yíxià.

 你的耳机呢?
Nǐ de ěrjī ne?

 算了。 我再找一下。
Suàn le. Wǒ zài zhǎo yíxià.

5

지엔칭 爸, 你试一下。
Bà, nǐ shì yíxià.

샤오
샤오 我教叔叔吧。
Wǒ jiāo shūshu ba.

DAY 16

해커스 중국어회화 10분의 기적 패턴으로 말하기

DAY 17

"나 좀 배고파."

"좀 ~하다, 좀 ~한 것 같다"를 "有点(儿)~"로 말해 보아요!

"有点(儿)~"을 사용한 활용도 갑! 문장을 따라 읽어 보아요! 처음 두 번은 천천히, 마지막은 빠르게 읽어 보세요!

 나 좀 배고파.

我有点儿饿。
Wǒ yǒudiǎnr è.

 저 요즘 좀 바빠요.

我最近有点儿忙。
Wǒ zuìjìn yǒudiǎnr máng.

 나 머리가 좀 아파.

我有点儿头疼。
Wǒ yǒudiǎnr tóuténg.

 어디서 본 얼굴 같은데.
(당신 좀 낯익어요.)

你有点儿面熟。
Nǐ yǒudiǎnr miànshú.

 그거 좀 비싸지 않아요?

那个有点儿贵了吧?
Nàge yǒudiǎnr guì le ba?

 이 일 좀 이상하지?

这事有点儿奇怪吧?
Zhè shì yǒudiǎnr qíguài ba?

 너 몸이 좀 안 좋은 거 아니야?

你是不是有点儿不舒服?
Nǐ shì bu shì yǒudiǎnr bù shūfu?

 이건 좀 아니지 않아?

这个是不是有点儿不对?
Zhège shì bu shì yǒudiǎnr bú duì?

饿 è 형 배고프다   最近 zuìjìn 명 요즘, 최근   忙 máng 형 바쁘다   头疼 tóuténg 형 머리가 아프다
面熟 miànshú 형 낯익다   贵 guì 형 비싸다   事 shì 명 일   奇怪 qíguài 형 이상하다   舒服 shūfu 형 편안하다
不舒服 bù shūfu (몸이) 안 좋다, 아프다

패턴 파헤치기

有点(儿)~
yǒudiǎn(ér)

'좀 ~하다, 좀 ~한 것 같다'라는 의미의 패턴으로, 有点(儿) 뒤에 형용사를 붙여 말하면 돼요. 어떤 상태가 생각보다 조금 과하거나 모자란 것에 대해 아쉬움이나 불만을 전달할 수 있어요.

**오늘의 패턴을 긍정문, 의문문의 기본 문형으로 익혀 봅니다.
아래 문장을 큰 소리로 따라 읽어 보세요.**

DAY 17

해커스 중국어회화 10분의 기적 패턴으로 말하기

긍정문

我	有点(儿)	饿。		나 좀 배고파.
Wǒ	yǒudiǎn(ér)	è.		
나는	좀 ~하다	배고프다		

我	有点(儿)	饱。		나 좀 배불러.
Wǒ	yǒudiǎn(ér)	bǎo.		
나는	좀 ~하다	배부르다		

> 반대 의미를 말하고 싶을 땐 有点(儿)뒤에 반대되는 내용을 말하면 돼요.

의문문

有点(儿) 앞에 是不是를 붙이고 문장 끝에 물음표를 붙이면 정반의문문이 돼요. 吗?가 붙는 의문문으로는 말하지 않아요.

你	是不是	有点(儿)	饿?	너 좀 배고픈 거 아니야?
Nǐ	shì bu shì	yǒudiǎn(ér)	è?	
너는	~이니 아니니?	좀 ~하다	배고프다	

> 有点(儿)을 쓸 때는 吗?를 붙여 묻지 않고 정반의문문으로만 물어요. '你有点儿饿吗?'는 정말 어색한 문장이라는 것 잊지 마세요!

....

有点(儿) 뒤에는 부정적 의미의 형용사만 올 수 있을까?

有点(儿)은 부정적인 뜻을 가진 형용사와 함께 쓰여 불만의 뉘앙스를 전달하는 경우가 많지만, 항상 부정적인 의미로 쓰이는 것은 아니에요. 우리 말의 '좀 ~하다'처럼 단순히 정도의 가벼움을 표현하고 싶을 때도 쓸 수 있는 패턴이랍니다.

예> 你有点儿面熟。 = 당신 조금 낯익어요.
　　我有点儿喜欢你。 = 나 너 좀 좋아해.

패턴으로 회화 레벨업!

 대화 속 문장을 중국어로 직접 말해 보세요!

1

 요즘 어떻게 지내요?  最近过得怎么样?
Zuìjìn guò de zěnmeyàng?

저 요즘 좀 바빠요.

2

이 셔츠 어때요? 这衬衫怎么样?
Zhè chènshān zěnmeyàng?

衬衫 chènshān 명 셔츠

그거 좀 비싸지 않아요?

3

 너 몸이 좀 안 좋은 거 아니야?

응, 나 머리가 좀 아파. 嗯,
Èng,

1

 最近过得怎么样?
Zuìjìn guò de zěnmeyàng?

我最近有点儿忙。
Wǒ zuìjìn yǒudiǎnr máng.

2

 这衬衫怎么样?
Zhè chènshān zěnmeyàng?

那个有点儿贵了吧?
Nàge yǒudiǎnr guì le ba?

3

 你是不是有点儿不舒服?
Nǐ shì bu shì yǒudiǎnr bù shūfu?

嗯, 我有点儿头疼。
Èng, wǒ yǒudiǎnr tóuténg.

4

 이 일 좀 이상하지?

맞아. 이건 좀 아니지 않아?  对啊,
Duì a,

 가서 물어 보자.  去问问吧。
Qù wènwen ba.

问 wèn 동 묻다

5 영화 <我的少女时代(나의 소녀시대)> 중, 한껏 꾸미고 온 린쩐신을 놀리는 쉬타이위

쉬타
이위 어디서 본 얼굴 같은데.

당신은 우리 고등학교 선생님? 你是我的高中老师?
Nǐ shì wǒ de gāozhōng lǎoshī?

高中 gāozhōng 명 고등학교　老师 lǎoshī 명 선생님

4

 这事有点儿奇怪吧?
Zhè shì yǒudiǎnr qíguài ba?

 对啊, 这个是不是有点儿不对?
Duì a, zhège shì bu shì yǒudiǎnr bú duì?

 去问问吧。
Qù wènwen ba.

5

쉬타
이위 你有点儿面熟。
Nǐ yǒudiǎnr miànshú.

你是我的高中老师?
Nǐ shì wǒ de gāozhōng lǎoshī?

"좀 더 먹어."

좀 ~해라"를 "~一点(儿)"로 말해 보아요!

"~一点(儿)"을 사용한 활용도 갑! 문장을 따라 읽어 보아요! 처음 두 번은 천천히, 마지막은 빠르게 읽어 보세요!

좀 더 먹어.
再吃一点儿。
Zài chī yìdiǎnr.

우리 커피 좀 마셔요.
咱们喝一点儿咖啡吧。
Zánmen hē yìdiǎnr kāfēi ba.

조심 좀 해.
注意一点儿。
Zhùyì yìdiǎnr.

설탕 좀 적게 넣어 주세요.
少放一点儿糖。
Shǎo fàng yìdiǎnr táng.

좀 빨리!
快一点儿！
Kuài yìdiǎnr！

좀 조용히 할 수 없어?
能不能安静一点儿？
Néng bu néng ānjìng yìdiǎnr？

너 좀 진지해져 봐.
你认真一点儿。
Nǐ rènzhēn yìdiǎnr.

일찍 좀 자라.
早一点儿睡吧。
Zǎo yìdiǎnr shuì ba.

咱们 zánmen 때 우리(말하는 사람과 듣는 사람을 포함) 咖啡 kāfēi 명 커피 注意 zhùyì 통 조심하다, 주의하다
少 shǎo 형 적다 放 fàng 통 넣다, 놓다 糖 táng 명 설탕 快 kuài 형 빠르다 安静 ānjìng 형 조용하다
早 zǎo 형 (시간이) 이르다

  **패턴 파헤치기**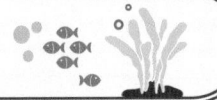

~一点(儿)
yìdiǎn(ér)

'좀 ~해라'라는 의미로, 어떤 동작을 좀 해달라거나, 어떤 식으로 해달라고 말할 때 쓸 수 있는 패턴이에요. 동사나 형용사 뒤에 一点(儿)만 붙이면 되고, 이때 儿은 생략할 수 있어요. 상대방이 내가 말하는 대로 해줬으면 하는 바람을 살짝 전달할 수 있답니다.

 오늘의 패턴을 여러 가지 문장 형태로 익혀 봅니다.
아래 문장을 큰 소리로 따라 읽어 보세요.

해커스 중국어회화 10분의 기적 패턴으로 말하기

동사 + 一点(儿) 형태
동사 뒤에 一点(儿)을 붙이면 어떤 동작을 좀 하라고 권하거나 해달라고 요구하는 의미가 돼요.

再	吃	一点(儿)。		좀 더 먹어.
Zài	chī	yìdiǎn(ér).		
더	먹다	좀 ~해라		

少	放	一点(儿)	糖。	설탕 좀 적게 넣어.
Shǎo	fàng	yìdiǎn(ér)	táng.	
적게	넣다	좀 ~해라	설탕을	

형용사 + 一点(儿) 형태
형용사 뒤에 一点(儿)을 붙이면 어떤 식으로 해달라는 의미가 돼요.

快	一点(儿)!	좀 빨리!
Kuài	yìdiǎn(ér)!	(좀 빨리 해!)
빠르다	좀 ~해라	

你	认真	一点(儿)。	너 좀 진지해져 봐.
Nǐ	rènzhēn	yìdiǎn(ér).	
너	진지하다	좀 ~해라	

패턴으로 회화 레벨업!

 대화 속 문장을 중국어로 직접 말해 보세요!

1

 아이고! 핸드폰이 또 떨어졌네. 哎呀! 手机又掉了。
Āiya! Shǒujī yòu diào le.

手机 shǒujī 명 휴대폰　又 yòu 부 또　掉 diào 통 떨어지다

다음부터는 조심 좀 해. 以后
Yǐhòu

以后 yǐhòu 명 다음부터는, 이후

2

 일찍 좀 자라.

괜찮아. 내일 토요일이야. 没事。明天是周六。
Méishì. Míngtiān shì zhōuliù.

没事 méishì 괜찮다　明天 míngtiān 명 내일　周六 zhōuliù 명 토요일

3

 우리 커피 좀 마셔요.
설탕 넣을까요? 要放糖吗?
Yào fàng táng ma?

설탕 좀 적게 넣어 주세요.

1
 哎呀! 手机又掉了。
Āiya! Shǒujī yòu diào le.

 以后 注意一点儿。
Yǐhòu zhùyì yìdiǎnr.

2
 早一点儿睡吧。
Zǎo yìdiǎnr shuì ba.

 没事。明天是周六。
Méishì. Míngtiān shì zhōuliù.

3
 咱们喝一点儿咖啡吧。
Zánmen hē yìdiǎnr kāfēi ba.
要放糖吗?
Yào fàng táng ma?

 少放一点儿糖。
Shǎo fàng yìdiǎnr táng.

4

너 좀 조용히 할 수 없어?

알겠어, 알겠어, 알겠어, 화내지 마. 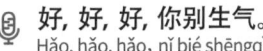 **好, 好, 好, 你别生气。**
Hǎo, hǎo, hǎo, nǐ bié shēngqì.

别 bié 閉 ~하지 마라　生气 shēngqì 图 화내다

다음 주면 시험이야.
너 좀 진지해 져봐.  **下周就考试了,**
Xiàzhōu jiù kǎoshì le,

下周 xiàzhōu 圀 다음 주　就 jiù 閉 곧, 바로　考试 kǎoshì 图 시험을 치다

5 영화 <左耳(좌이)> 중, 교통사고를 목격하고 전화로 경찰을 부르는 샤오얼

 샤오얼

여보세요. 여기 교통사고 났어요. **喂, 这里出车祸了。**
Wéi, zhèli chū chēhuò le.

좀 빨리요!

喂 wéi 껌 여보세요　出 chū 图 (어떤 사건이나 일이) 생기다　车祸 chēhuò 圀 교통사고

4

 你能不能安静一点儿?
Nǐ néng bu néng ānjìng yìdiǎnr?

 好, 好, 好, 你别生气。
Hǎo, hǎo, hǎo, nǐ bié shēngqì.

下周就考试了, 你认真一点儿。
Xiàzhōu jiù kǎoshì le, nǐ rènzhēn yìdiǎnr.

5

 샤오얼 **喂, 这里出车祸了。**
Wéi, zhèli chū chēhuò le.

快一点儿!
Kuài yìdiǎnr!

"나 곧 도착해."

곧 ~하다"를 "快(要)~了"로 말해 보아요!

 快(要)~了를 사용한 활용도 갑! 문장을 따라 읽어 보아요. 처음 두 번은 천천히, 마지막은 빠르게 읽어 보세요!

나 곧 도착해.
我快到了。
Wǒ kuài dào le.

우린 곧 부자가 될 거야!
我们快要发了!
Wǒmen kuàiyào fā le!

우리 늦겠어!
(우리 지각하겠어!)
咱们快要迟到了!
Zánmen kuàiyào chídào le!

아이고, 걔 울겠다.
哎哟, 他快要哭了。
Āiyō, tā kuàiyào kū le.

계약이 곧 만기야.
合同快到期了。
Hétong kuài dàoqī le.

쟤네 둘 곧 결혼해.
他们俩快要结婚了。
Tāmen liǎ kuàiyào jiéhūn le.

곧 월말이네.
快月底了。
Kuài yuèdǐ le.

곧 정오다, 일어나!
快中午了, 起床吧!
Kuài zhōngwǔ le, qǐchuáng ba!

到 dào 통 도착하다　发 fā 통 많은 재물을 얻어서 번창하다　迟到 chídào 통 늦다, 지각하다　哭 kū 통 울다
合同 hétong 명 계약　到期 dàoqī 통 만기가 되다　俩 liǎ 수 둘　月底 yuèdǐ 명 월말　中午 zhōngwǔ 명 정오
起床 qǐchuáng 통 일어나다, 기상하다

패턴 파헤치기

快(要)~了
kuài(yào)　le

'곧 ~하다'라는 의미로, 곧 어떤 일이 일어날 것 같은 상황이나 느낌을 표현할 때 쓰는 패턴이에요. 快(要)와 了사이에 일어날 것 같은 일을 넣어 말하면 돼요. 이때 要는 생략할 수 있어요. 곧 일어날 일에 대한 정보를 전달하거나, 긴장감을 전달할 수 있답니다.

 오늘의 패턴을 자주 사용되는 상황별 예문으로 익혀 봅니다.
아래 문장을 큰 소리로 따라 읽어 보세요.

특정 상태 / 사건에 임박했음을 나타낼 때

我	快(要)	到	了。	나 곧 도착해.
Wǒ	kuài(yào)	dào	le.	
나는	곧 ~하다	도착하다	~가 됐다	

咱们	快(要)	迟到	了!	우리 늦겠어! (우리 지각하겠어!)
Zánmen	kuài(yào)	chídào	le!	
우리는	곧 ~하다	늦다	~가 됐다	

특정 시점에 임박했음을 나타낼 때

快(要)	月底	了。	곧 월말이네.
Kuài(yào)	yuèdǐ	le.	
곧 ~하다	월말	~가 됐다	

快(要)	中午	了。	곧 정오다.
Kuài(yào)	zhōngwǔ	le.	
곧 ~하다	정오	~가 됐다	

 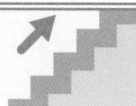

패턴으로 회화 레벨업!

 대화 속 문장을 중국어로 직접 말해 보세요!

1

재네 둘 곧 결혼해.

진짜야? **真的假的?**
Zhēn de jiǎ de?

真的 zhēn de 진짜 假的 jiǎ de 가짜

2

아이고, 쟤 울겠다.

쟤 무슨 일 있어? **他有什么事儿吗?**
Tā yǒu shénme shìr ma?

事(儿) shì(er) 명 일

3

계약이 곧 만기네.

그래? 아, 곧 월말이구나! **是吗? 哦,**
Shì ma? Ò,

1
 他们俩快要结婚了。
Tāmen liǎ kuàiyào jiéhūn le.

 真的假的?
Zhēn de jiǎ de?

2
 哎哟, 他快要哭了。
Āiyō, tā kuàiyào kū le.

 他有什么事儿吗?
Tā yǒu shénme shìr ma?

3
 合同快到期了。
Hétong kuài dàoqī le.

 是吗? 哦, 快月底了!
Shì ma? Ò, kuài yuèdǐ le !

4

곧 정오다, 일어나!

5분만 더 잘게요. 再睡五分钟。
Zài shuì wǔ fēnzhōng.

分钟 fēnzhōng 명 분

우리 늦겠어!

5 영화 <后来的我们(먼 훗날 우리)> 중, 한마디씩 자신들의 바람을 외치는 샤오샤오와 지엔칭

샤오샤오
우린 곧 부자가 될 거야!

우린 곧 부자가 될 거다!
지엔칭

4

快中午了, 起床吧!
Kuài zhōngwǔ le, qǐchuáng ba!

再睡五分钟。
Zài shuì wǔ fēnzhōng.

咱们快要迟到了!
Zánmen kuàiyào chídào le!

5

샤오샤오
我们快要发了!
Wǒmen kuàiyào fā le!

지엔칭
我们快要发了!
Wǒmen kuàiyào fā le!

DAY 20

"나도 하나 사야겠다."

"~해야 한다"를 "得~"로 말해 보아요!

 "得~"를 사용한 활용도 갑! 문장을 따라 읽어 보아요. 처음 두 번은 천천히, 마지막은 빠르게 읽어 보세요!

나도 하나 사야겠다.
(나도 하나 사야 해.)

 我也得买一个。
Wǒ yě děi mǎi yí ge.

저 생각 좀 해봐야겠어요.

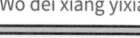 我得想一下。
Wǒ děi xiǎng yíxià.

나 일하러 가야 해.

我得去工作。
Wǒ děi qù gōngzuò.

나 좀 일찍 일어나야 해.

我得早一点儿起床。
Wǒ děi zǎo yìdiǎnr qǐchuáng.

너 가야 해?

你得走吗?
Nǐ děi zǒu ma?

너 공부 더 해야 해?

你还得学习吗?
Nǐ hái děi xuéxí ma?

나 너 기다려야 하는 거 아니야?

我是不是得等你呀?
Wǒ shì bu shì děi děng nǐ ya?

이번 주말에
너 출근해야 하는 거 아니야?

这周末你是不是得上班?
Zhè zhōumò nǐ shì bu shì děi shàngbān?

也 yě 조 ~도   买 mǎi 통 사다   想 xiǎng 통 생각하다   工作 gōngzuò 통 일하다
起床 qǐchuáng 통 일어나다, 기상하다   走 zǒu 통 가다   还 hái 부 더, 또   学习 xuéxí 통 공부하다
周末 zhōumò 명 주말   上班 shàngbān 통 출근하다

패턴 파헤치기

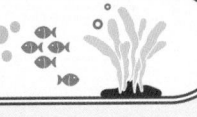

得~
dět

'~해야 한다'라는 의미로, 어떤 일을 해야 하거나 해야 될 것 같다고 말할 때 쓰는 패턴이에요. 의무감이나 필요성이 느껴지는 상태를 전달할 수 있어요. 동작을 할 필요를 나타낸다는 점에서 要와 비슷하지만 회화에서는 得가 더 자주 쓰여요. 得는 뒤에 동사를 붙여 말하면 되는 조동사랍니다.

오늘의 패턴을 긍정문, 부정문, 의문문의 기본 문형으로 익혀 봅니다. 아래 문장을 큰 소리로 따라 읽어 보세요.

긍정문

我	也	得	买	一个。	나도 하나 사야겠다.
Wǒ	yě	děi	mǎi	yí ge.	(나도 하나 사야 해.)
나는	~도	~해야 한다	사다	한 개	

부정문

得를 不用(~할 필요 없다)으로 바꾸면 부정문이 돼요.

我	不用	买	这个。	나 이거 살 필요 없어.
Wǒ	bú yòng	mǎi	zhège.	(나 이거 안 사도 돼.)
나는	~할 필요 없다	사다	이것을	

의문문

문장 끝에 吗?를 붙이면 의문문이 되고, 得 앞에 是不是를 붙이면 정반의문문이 돼요.

你	得	买	一个	吗?	너 하나 사야 해?
Wǒ	děi	mǎi	yí ge	ma?	
너는	~해야 한다	사다	한 개	~니?	

你	是不是	得	买	一个?	너 하나 사야 하는 거 아니야?
Nǐ	shì bu shì	děi	mǎi	yí ge?	
너는	~이니 아니니?	~해야 한다	사다	한 개	

패턴으로 회화 레벨업!

 대화 속 문장을 중국어로 직접 말해 보세요!

1

 나 너 기다려야 하는 거 아니야?

괜찮아. 너 먼저 가.  没事。你先走吧。
Méishì. Nǐ xiān zǒu ba.

先 xiān 😊 먼저

2

 어떻게 하실 거예요? 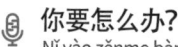 你要怎么办？
Nǐ yào zěnme bàn?

저 생각 좀 해봐야겠어요.

3

 이번 주말에 너 출근해야 하는 거 아니야?

맞아, 나 좀 일찍 일어나야 해. 对，
Duì,

1
 我是不是得等你呀？
Wǒ shì bu shì děi děng nǐ ya?

没事。你先走吧。
Méishì. Nǐ xiān zǒu ba.

2
你要怎么办？
Nǐ yào zěnme bàn?

我得想一下。
Wǒ děi xiǎng yíxià.

3
这周末你是不是得上班？
Zhè zhōumò nǐ shì bu shì děi shàngbān?

对，我得早一点儿起床。
Duì, wǒ děi zǎo yìdiǎnr qǐchuáng.

4

너 가야 해?

응, 넌 공부 더 해야 해?　嗯,
Èng,

응, 내일이 시험이라.　嗯, 明天有考试。
Èng, míngtiān yǒu kǎoshì.

考试 kǎoshì 명 시험

5 영화 <听说(청설)> 중, 밥을 다 먹지 못한 채 일하러 가야 한다는 양양

양양　나 일하러 가야 해.

밥 먼저 안 먹어?　你不先吃吗?
Nǐ bù xiān chī ma?　티엔커

4

你得走吗?
Nǐ děi zǒu ma?

嗯, 你还得学习吗?
Èng, nǐ hái děi xuéxí ma?

嗯, 明天有考试。
Èng, míngtiān yǒu kǎoshì.

5

양양　我得去工作。
Wǒ děi qù gōngzuò.

티엔커　你不先吃吗?
Nǐ bù xiān chī ma?

"나 이렇게 많이는 못 먹어."

"~하지 못 하다, ~할 수 없다"를 "~不了"로 말해 보아요!

"~不了"를 사용한 활용도 갑! 문장을 따라 읽어 보아요. 처음 두 번은 천천히, 마지막은 빠르게 읽어 보세요!

나 이렇게 많이는 못 먹어.

我吃不了这么多。
Wǒ chī buliǎo zhème duō.

나 아직도 걔를 못 잊겠어.

我还是忘不了她。
Wǒ háishi wàng buliǎo tā.

스스로 컨트롤이 안 돼.
(나 내 자신을 통제할 수 없어.)

我控制不了自己。
Wǒ kòngzhì buliǎo zìjǐ.

이게 뭐 별거라고.
(이것은 별거라고 여길 수 없어.)

这算不了什么。
Zhè suàn buliǎo shénme.

당신 카드가 안 긁혀요.
(당신의 카드를 긁을 수가 없습니다.)

你的卡刷不了。
Nǐ de kǎ shuā buliǎo.

재들은 우릴 못 이겨.

他们赢不了我们。
Tāmen yíng buliǎo wǒmen.

결정 못 하겠어요?

你决定不了吗?
Nǐ juédìng buliǎo ma?

너 못 견디겠지?
(너 못 참게 된 거 아니야?)

你是不是受不了了?
Nǐ shì bu shì shòu buliǎo le?

还是 háishi 児 아직도, 여전히 忘 wàng 통 잊다 控制 kòngzhì 통 통제하다 自己 zìjǐ 떼 자신, 스스로
算 suàn 통 ~라고 여기다, ~인 셈이다 卡 kǎ 명 카드 刷 shuā 통 (카드를) 긁다 刷卡 shuākǎ 통 카드를 긁다
赢 yíng 통 이기다 决定 juédìng 통 결정하다 受 shòu 통 견디다, 참다

  **패턴 파헤치기**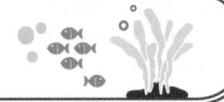

~不了
buliǎo

'~하지 못 하다, ~할 수 없다'라는 의미로, 의지와는 상관없이 상황 또는 능력 때문에 할 수 없다고 말할 때 쓰는 패턴이에요. 동사 뒤에 不了만 붙여 말하면 되고, 동사 뒤에 不는 경성으로 발음해요. 할 수 없는 상황에 대한 확신이나 할 수 없는 일에 대한 아쉬움을 전달할 수 있어요.

오늘의 패턴을 긍정문, 의문문의 기본 문형으로 익혀 봅니다.
아래 문장을 큰 소리로 따라 읽어 보세요.

긍정문

我	吃	不了	这么多。	나 이렇게 많이는 못 먹어.
Wǒ	chī	buliǎo	zhème duō.	
나는	먹다	~하지 못 하다	이렇게 많이	

我	吃	得了	这么多。	나 이만큼 많이 먹을 수 있어.
Wǒ	chī	deliǎo	zhème duō.	
나는	먹다	~할 수 있다	이렇게 많이	

반대 의미인 '~할 수 있다'라고 말하고 싶을 땐 不了를
得了(deliǎo)로 바꾸면 돼요.

의문문 문장 끝에 吗?를 붙이면 의문문이 되고, 동사 앞에 是不是를 붙인 후 문장 끝에 물음표를 붙이면 정반의문문이 돼요.

你	吃	不了	这么多	吗?	너 이렇게 많이는 못 먹어?
Nǐ	chī	buliǎo	zhème duō	ma?	
너는	먹다	~하지 못 하다	이렇게 많이	~니?	

你	是不是	吃	不了	这么多?	너 이렇게 많이는 못 먹는 거 아니야?
Nǐ	shì bu shì	chī	buliǎo	zhème duō?	
너는	~이니 아니니?	먹다	~하지 못 하다	이렇게 많이	

해커스 중국어회화 10분의 기적 패턴으로 말하기

패턴으로 회화 레벨업!

 대화 속 문장을 중국어로 직접 말해 보세요!

1

 쟤들은 우릴 못 이겨.

확신해? **你确定?**
Nǐ quèdìng?

确定 quèdìng 혱확신하다, 확실하다

2

 결정 못 하겠어요?

네, 종류가 너무 많아요. **嗯, 种类太多了。**
Èng, zhǒnglèi tài duō le.

种类 zhǒnglèi 몡종류　太~了 tài~le 너무 ~하다

3

 너 못 견디겠지?

무슨 소리야. **说什么呢。**
이게 뭐 별거라고. Shuō shénme ne.

---

1 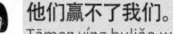 他们赢不了我们。
Tāmen yíng buliǎo wǒmen.

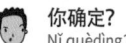 你确定?
Nǐ quèdìng?

2 你决定不了吗?
Nǐ juédìng buliǎo ma?

 嗯, 种类太多了。
Èng, zhǒnglèi tài duō le.

3 你是不是受不了了?
Nǐ shì bu shì shòu buliǎo le?

 说什么呢。
Shuō shénme ne.
这算不了什么。
Zhè suàn buliǎo shénme.

4

 나 아직도 전 여자친구를 못 잊겠어.

前女友 qián nǚyǒu 전 여자친구

그래도 잊어야지. **还是要忘掉她。**
Háishi yào wàngdiào tā.

还是 háishi 團 그래도 ~하는 게 낫다   忘掉 wàngdiào 통 잊어버리다

 스스로 컨트롤이 안 돼.

5

영화 <北京遇上西雅图(시절인연)> 중, 호텔에서 카드가 긁히지 않자 당황한 쟈쟈

프랭크 당신 카드가 안 긁혀요.

그럴 리가요.  **不可能的。**
Bù kěnéng de. 쟈쟈

不可能的 bù kěnéng de 그럴 리가 없다, 불가능하다

4

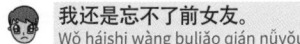 **我还是忘不了前女友。**
Wǒ háishi wàng buliǎo qián nǚyǒu.

还是要忘掉她。
Háishi yào wàngdiào tā.

我控制不了自己。
Wǒ kòngzhì buliǎo zìjǐ.

5

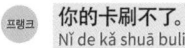 **你的卡刷不了。**
Nǐ de kǎ shuā buliǎo.

쟈쟈 **不可能的。**
Bù kěnéng de.

"포기하지 마세요."

"~하지 마라"를 "别/不要~"로 말해 보아요!

"别/不要~"를 사용한 활용도 갑! 문장을 따라 읽어 보아요. 처음 두 번은 천천히, 마지막은 빠르게 읽어 보세요!

포기하지 마세요.

不要放弃。
Búyào fàngqì.

너 후회하지 마라.

你不要后悔。
Nǐ búyào hòuhuǐ.

너무 빡빡하게 굴지 마.
(너무 엄격하게 하지 마.)

不要太严格。
Búyào tài yángé.

밥 먹을 때, 얘기하지 마.

吃饭的时候，别说话。
Chī fàn de shíhou, bié shuōhuà.

걱정하지 마세요.

别担心了。
Bié dānxīn le.

장난치지 마.
(장난치지 말렴.)

别逗了。
Bié dòu le.

너무 늦게까지 놀지 말렴.

别玩儿太晚了。
Bié wánr tài wǎn le.

너무 깊게 생각하지 말아요.

不要想太多了。
Búyào xiǎng tài duō le.

放弃 fàngqì 통 포기하다   后悔 hòuhuǐ 통 후회하다   太 tài 부 너무, 매우   严格 yángé 통 엄격히 하다
的时候 de shíhou ~할 때   担心 dānxīn 통 걱정하다   逗 dòu 통 장난치다, 놀리다   玩(儿) wán(er) 통 놀다
晚 wǎn 형 늦다

패턴 파헤치기

別 / 不要~
bié   búyào

'~하지 마라'라는 의미의 패턴이에요. 別/不要 뒤에 동사만 붙여 말하면 돼요. 특정 행동을 하지 말라고 명령 어조로 말할 때 쓰는 패턴이에요. 문장 끝에 어기조사 了를 붙여 말하면 '~하지 말렴'하고 부드럽게 타이르는 듯한 뉘앙스도 전달할 수 있어요.

오늘의 패턴을 여러 가지 문장 형태로 익혀 봅니다.
아래 문장을 큰 소리로 따라 읽어 보세요.

別 / 不要~ 형태

別 / 不要	放弃。		포기하지 마세요.
Bié / Búyào	fàngqì.		
~하지 마라	포기하다		

別 / 不要	后悔。		후회하지 마.
Bié / Búyào	hòuhuǐ.		
~하지 마라	후회하다		

別 / 不要~了 형태
여기에서 了는 '~가 됐다'라는 의미가 아니라, 말투를 부드럽게 만들어 주는 역할을 해요.

別 / 不要	担心	了。	걱정하지 마세요.
Bié / Búyào	dānxīn	le.	
~하지 마라	걱정하다		

別 / 不要	逗	了。	장난치지 마. (장난치지 말렴.)
Bié / Búyào	dòu	le.	
~하지 마라	장난치다		

> 別와 不要는 서로 바꿔 쓸 수 있지만, 不要가 別보다 조금 더 단호한 느낌이 있으며, 서면에서 더 많이 쓰여요. 別는 구어에서 더 많이 쓰인답니다.

해커스 중국어회화 10분의 기적 패턴으로 말하기

패턴으로 회화 레벨업!

 대화 속 문장을 중국어로 직접 말해 보세요!

1

 너는 가, 난 안 갈래.　🎙 你去吧, 我不去了。
Nǐ qù ba, wǒ bú qù le.

진짜? 너 후회하지 마라.　🎙 真的吗？
Zhēn de ma?

真的 zhēn de 진짜

2

 사실 나 너 좋아해.　🎙 其实我喜欢你。
Qíshí wǒ xǐhuan nǐ.

其实 qíshí 🖲 사실

장난치지 마.　

3

 밥 먹을 때, 얘기하지 마.　

너무 빡빡하게 굴지 마.　

---

1 你去吧, 我不去了。
Nǐ qù ba, wǒ bú qù le.

 真的吗？ 你不要后悔。
Zhēn de ma? Nǐ búyào hòuhuǐ.

2 其实我喜欢你。
Qíshí wǒ xǐhuan nǐ.

 别逗了。
Bié dòu le.

3 吃饭的时候, 别说话。
Chī fàn de shíhou, bié shuōhuà.

 不要太严格。
Búyào tài yángé.

4

 저 나가요. 我出去了。
Wǒ chūqu le.

出去 chūqu 통 나가다

너무 늦게까지 놀지 말렴.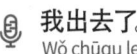

 걱정하지 마세요.

 5 영화 <不能说的秘密(말할 수 없는 비밀)> 중, 선생님에게 자신의 비밀을 지켜 달라고 말하는 샤오위

샤오위 선생님은 비밀을 지켜줄 수 있어요?  老师可以保守秘密吗?
Lǎoshī kěyǐ bǎoshǒu mìmì ma?

保守 bǎoshǒu 통 지키다 秘密 mìmì 명 비밀

당연하지, 너무 깊게 생각하지 마. 当然可以,
Dāngrán kěyǐ, 선생님

4

 我出去了。
Wǒ chūqu le.

 别玩儿太晚了。
Bié wánr tài wǎn le.

 别担心了。
Bié dānxīn le.

5

 老师可以保守秘密吗?
Lǎoshī kěyǐ bǎoshǒu mìmì ma?

 当然可以, 不要想太多了。
Dāngrán kěyǐ, búyào xiǎng tài duō le.

DAY 23

"쟤네 잘 어울리는 것 같아."

"~인 것 같다, ~라고 생각하다"를 "觉得~"로 말해 보아요!

"觉得~"를 사용한 활용도 갑! 문장을 따라 읽어 보아요! 처음 두 번은 천천히, 마지막은 빠르게 읽어 보세요!

쟤네 잘 어울리는 것 같아.
我觉得他们很配。
Wǒ juéde tāmen hěn pèi.

이거 괜찮은 것 같아.
我觉得这个很不错。
Wǒ juéde zhège hěn búcuò.

나도 그렇게 생각해.
我也(这么)觉得。
Wǒ yě (zhème) juéde.

저는 그렇게 생각 안 해요.
我不觉得呢。
Wǒ bù juéde ne.

쟤는 자기가 잘못했다고 생각 안 해.
(쟤는 자기가 잘못이 없다고 생각해.)
他觉得自己没有错。
Tā juéde zìjǐ méiyǒu cuò.

충분한 것 같아?
(넌 충분하다고 생각해?)
你觉得够吗?
Nǐ juéde gòu ma?

넌 어떤 것 같아?
(넌 어떻게 생각해?)
你觉得怎么样?
Nǐ juéde zěnmeyàng?

쟤가 나 좀 좋아하는 것 같지 않아?
(너 쟤가 나 좀 좋아한다고 생각해 안 해?)
你觉不觉得她有点儿喜欢我?
Nǐ jué bu juéde tā yǒudiǎnr xǐhuan wǒ?

配 pèi 동 어울리다 不错 búcuò 형 괜찮다, 알맞다 自己 zìjǐ 대 자기, 자신 错 cuò 명 잘못

够 gòu 동 충분하다(양, 정도 등을 만족시킨다는 의미의 동사) 有点儿 yǒudiǎnr 부 좀, 조금 喜欢 xǐhuan 동 좋아하다

  **패턴 파헤치기**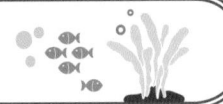

 觉得~
juéde

'~인 것 같다, ~라고 생각하다'라는 의미로 주관적인 생각이나 느낌에 대해 말할 때 쓰는 패턴이에요. 觉得 뒤에 생각하거나 느낀 점을 말하면 돼요. 觉得는 확신을 갖고 말하기 부담스러울 때나, 의견을 좀 더 조심스럽고 부드럽게 전달하고 싶을 때 사용해요.

오늘의 패턴을 긍정문, 부정문, 의문문의 기본 문형으로 익혀 봅니다. 아래 문장을 큰 소리로 따라 읽어 보세요.

DAY 23

해커스 중국어회화 10분의 기적 패턴으로 말하기

긍정문

我	觉得	他们	很配。	쟤네 잘 어울리는 것 같아.
Wǒ	juéde	tāmen	hěn pèi.	
나는	~라고 생각하다	그들이	잘 어울리다	

부정문 반대 의미를 말하고 싶을 땐, 觉得 뒤의 내용을 부정하거나 觉得앞에 不를 붙이면 돼요.

我	觉得	他们	不配。	쟤네 안 어울리는 것 같아.
Wǒ	juéde	tāmen	bú pèi.	
나는	~라고 생각하다	그들이	어울리지 않다	

我	不	觉得	他们	很配。	쟤네 어울리는 것 같지 않아.
Wǒ	bù	juéde	tāmen	hěn pèi.	
나는	아니	~라고 생각하다	그들이	잘 어울리다	

의문문 문장 맨 끝에 吗?를 붙이면 의문문이 되고, 觉得를 觉不觉得로 바꾸고 문장 맨 끝에 물음표를 붙이면 정반의문문이 돼요.

你	觉得	他们	很配	吗?	쟤네 잘 어울린다고 생각해?
Nǐ	juéde	tāmen	hěn pèi	ma?	
너는	~라고 생각하다	그들이	잘 어울리다	~니?	

你	觉不觉得	他们	很配?	쟤네 잘 어울리는 것 같지 않아? (쟤네 잘 어울린다고 생각해 안 해?)
Nǐ	jué bu juéde	tāmen	hěn pèi?	
너는	~라고 생각해 안 해?	그들이	잘 어울리다	

패턴으로 회화 레벨업!
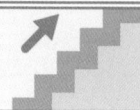

 대화 속 문장을 중국어로 직접 말해 보세요!

1

 쟤 왜 너한테 사과 안 해?  他怎么不跟你道歉?
Tā zěnme bù gēn nǐ dàoqiàn?

跟 gēn 개 ~한테 道歉 dàoqiàn 통 사과하다

쟤는 자기가 잘못했다고 생각 안 해.

2

 이 영화 재미있는 것 같아요.   我觉得这部电影很好看。
Wǒ juéde zhè bù diànyǐng hěn hǎokàn.

部 bù 양 편(서적, 영화 등을 세는 단위)

저는 그렇게 생각 안 해요.

3

 충분한 것 같아?

응, 넌 어떤 것 같아?   嗯,
Èng,

1
 他怎么不跟你道歉?
Tā zěnme bù gēn nǐ dàoqiàn?

他觉得自己没有错。
Tā juéde zìjǐ méiyǒu cuò.

2
我觉得这部电影很好看。
Wǒ juéde zhè bù diànyǐng hěn hǎokàn.

我不觉得呢。
Wǒ bù juéde ne.

3
 你觉得够吗?
Nǐ juéde gòu ma?

 嗯,你觉得怎么样?
Èng, nǐ juéde zěnmeyàng?

4

이거 괜찮은 것 같아.

나도 그렇게 생각해.

그치? 是吧?
Shì ba?

是吧? shì ba 그렇지?, 맞지?

5 영화 <那些年, 我们一起追的女孩儿(그 시절, 우리가 좋아했던 소녀)> 중, 션쟈이를 보며 착각하는 차오궈셩

차오 궈셩 쟤가 나 좀 좋아하는 것 같지 않아?

아마도. 也许哦。
Yěxǔ o.
커징텅

也许 yěxǔ 回 아마도, 어쩌면

4

我觉得这个很不错。
Wǒ juéde zhège hěn búcuò.

我也(这么)觉得。
Wǒ yě (zhème) juéde.

是吧?
Shì ba?

5

차오 궈셩 你觉不觉得她有点儿喜欢我?
Nǐ jué bu juéde tā yǒudiǎnr xǐhuan wǒ?

커징텅 也许哦。
Yěxǔ o.

패턴으로 술술 말해보기! ②

지금까지 배웠던 패턴과 문장을 활용하여, 아래의 일상 회화를 한글만 보고 중국어로 말해 보세요! 다 말해 본 후에는 오른쪽에서 제대로 말했는지 확인해보고, 큰 소리로 따라 말해 보세요.

🎧 패턴술술 2

1

나 좀 배고파.

Day 17

이리 와 봐!
내가 김치볶음밥 만들었어. 맛 좀 봐 봐.

⚡ 尝尝 chángchang 맛 좀 보다   Day 16, 9

와! 맛있어!

그렇지? 좀 더 먹어.

Day 18

2

준비 다 됐어?

Day 12

아직.

벌써 세 시야.
우리 늦겠어!

Day 8, 19

장난치지 마. 겨우 두 시잖아!

⚡ 才 cái 🖐 겨우   Day 22

我有点儿饿。
Wǒ yǒudiǎnr è.

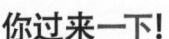
你过来一下!
Nǐ guòlai yíxià!

我做了辛奇炒饭。尝尝吧。
Wǒ zuòle xīnqí chǎofàn. Chángchang ba.

哇! 很好吃!
Wa! Hěn hǎochī!

是吧? 再吃一点儿。
Shì ba? Zài chī yìdiǎnr.

准备好了没有?
Zhǔnbèi hǎole méiyǒu?

还没有。
Hái méiyǒu.

已经三点了。
Yǐjing sān diǎn le.
咱们快要迟到了!
Zánmen kuàiyào chídào le!

别逗了。才两点呢!
Bié dòu le. Cái liǎng diǎn ne!

3

나 이거 사야 해.

Day 20

나도 하나 사야겠다.
이거 괜찮은 것 같아.

Day 20, 23

사장님, 카드결제 할게요.

💡 刷卡 shuākǎ 동 카드결제하다   Day 5

죄송하지만, 카드가 안 긁히는데요.

Day 21

어떡하지?

Day 15

내가 낼게. 나 돈 있어.

💡 我来吧 Wǒ lái ba 내가 낼게 (내가 할게)

我得买这个。
Wǒ děi mǎi zhège.

我也得买一个。
Wǒ yě děi mǎi yí ge.
我觉得这个很不错。
Wǒ juéde zhège hěn búcuò.

老板，我要刷卡。
Lǎobǎn, wǒ yào shuākǎ.

不好意思，您的卡刷不了。
Bù hǎoyìsi, nín de kǎ shuā buliǎo.

怎么办?
Zěnme bàn?

我来吧。我有钱。
Wǒ lái ba. Wǒ yǒu qián.

 china.Hackers.com

AB 꿍짝을 맞춰 말하는 패턴

A와 B로 꿍짝을 맞춰 말하는 패턴이 있어요. A와 B에 들어가는 것이 각각 다르기 때문에 패턴별로 무엇을 A, B에 넣을지 잘 파악해두어야 해요. 하지만 활용도 갑! 패턴 문장으로 연습하다 보면, 어느 순간 A B 짝꿍이 저절로 구분되고 각 패턴의 쓰임을 명확하게 파악할 수 있을 거예요.

패턴으로 술술 말해보기! ③

DAY 24

"서명 부탁드려요."

"A에게 B를 부탁하다, (A님) B해주세요"를
"请 A B"로 말해 보아요!

"请 A B"를 사용한 활용도 갑! 문장을 따라 읽어 보아요! 처음 두 번은 천천히, 마지막은 빠르게 읽어 보세요!

서명 부탁드려요.
(당신이 서명해주세요.)

请你签名。
Qǐng nǐ qiānmíng.

저 따라오세요.

请跟我来。
Qǐng gēn wǒ lái.

앉으세요.

请坐。
Qǐng zuò.

잘 부탁드립니다.
(많이 관심 갖고 보살펴주세요.)

请多多关照。
Qǐng duōduō guānzhào.

자기소개 좀 해주세요.
(당신이 자기소개를 좀 해주세요.)

请你做一下自我介绍。
Qǐng nǐ zuò yíxià zìwǒ jièshào.

여러분 여기 좀 봐주세요.

请大家看一下这边。
Qǐng dàjiā kàn yíxià zhèbiān.

조용히 좀 해주세요.

请安静一下。
Qǐng ānjìng yíxià.

말씀 좀 물을게요,
화장실 어디 있나요?

请问，洗手间在哪儿?
Qǐng wèn, xǐshǒujiān zài nǎr?

签名 qiānmíng 통 서명하다   跟 gēn 통 따르다   多多 duōduō 부 많이, 거듭   关照 guānzhào 통 관심을 갖고 보살피다
问 wèn 통 묻다   洗手间 xǐshǒujiān 명 화장실   自我介绍 zìwǒ jièshào 명 자기소개   大家 dàjiā 대 여러분, 모두
这边 zhèbiān 대 여기, 이쪽   安静 ānjìng 형 조용하다

패턴 파헤치기

请AB
qǐng

'A에게 B를 부탁하다, (A님) B해주세요'라는 의미로 어떤 일을 부탁하거나 요청할 때 쓰는 패턴이에요. A에 부탁의 대상을 B에 동사를 넣어 말하면 돼요. A가 눈앞에 있는 상대인 경우 你를 쓰거나 생략해도 돼요. B 뒤에 一下를 붙여서 더욱 공손하게 말할 수 있답니다.

 오늘의 패턴을 여러 가지 문장 형태로 익혀 봅니다.
아래 문장을 큰 소리로 따라 읽어 보세요.

请 A B 형태

请	你	签名。	
Qǐng	nǐ	qiānmíng.	서명 부탁드려요.
부탁하다	너에게	서명을 하다	(당신이 서명해주세요.)

请 B 형태　부탁의 대상이 바로 앞에 있다면, A는 생략하고 말할 수 있어요.

请	签名。	
Qǐng	qiānmíng.	서명 부탁드려요.
부탁하다	서명을 하다	

请 A B 一下 형태　동사 뒤에 '좀 ~하다'라는 의미의 一下가 붙으면 '좀 ~해주세요'라고 요청하는 말이 돼요.

请	你	签	一下	名。	
Qǐng	nǐ	qiān	yíxià	míng.	서명 좀 해주세요.
부탁하다	너에게	서명하다	좀 ~하다	이름을	

请 B 一下 형태　부탁의 대상이 바로 앞에 있다면, A는 생략하고 말할 수 있어요.

请	签	一下	名。	
Qǐng	qiān	yíxià	míng.	서명 좀 해주세요.
부탁하다	서명하다	좀 ~하다	이름을	

请问은 왜 "말씀 좀 물을게요" 일까?

'请问'은 왜 '질문 해주세요'가 아닌 '말씀 좀 물을게요'가 될까요? 请问은 위에서 배운 문장 형태에 속하지 않는 예외적인 표현이에요. 여기에서 请은 '~해주세요'라는 의미가 아니라 말에 공손함과 정중함을 더해 주는 역할을 해서, '공손히 묻습니다'라는 의미가 된답니다.

예> **请问, 洗手间在哪儿?** = 말씀 좀 물을게요, 화장실이 어디 있나요?
　　请问, 你是谁? = 실례지만, 누구세요?

해커스 중국어회화 10분의 기적 패턴으로 말하기

패턴으로 회화 레벨업!

 대화 속 문장을 중국어로 직접 말해 보세요!

1

 앉으세요.
차 드시겠어요? 要喝茶吗?
Yào hē chá ma?

茶 chá 몡차

아, 괜찮아요. 哦, 没事。
Ò, méishì.

2

 자기소개 좀 해주세요.

여러분 안녕하세요. 민준이라고 합니다. 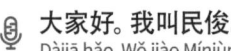 大家好。我叫民俊。
Dàjiā hǎo. Wǒ jiào Mínjùn.

大家好 dàjiā hǎo 여러분 안녕하세요   民俊 Mínjùn 몡민준(이름)

3

 말씀 좀 물을게요, 화장실 어디 있나요?

아, 저 따라 오세요. 哦,
Ò,

---

1 请坐。 要喝茶吗?
Qǐng zuò. Yào hē chá ma?

 哦, 没事。
Ò, méishì.

2  请你做一下自我介绍。
Qǐng nǐ zuò yíxià zìwǒ jièshào.

 大家好。我叫民俊。
Dàjiā hǎo. Wǒ jiào Mínjùn.

3 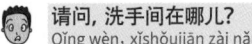 请问, 洗手间在哪儿?
Qǐng wèn, xǐshǒujiān zài nǎr?

 哦, 请跟我来。
Ò, qǐng gēn wǒ lái.

4

 여러분 조용히 좀 해주세요.

무슨 일이에요? 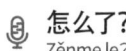 **怎么了?**
Zěnme le?

 여기 좀 봐 주세요.

5 영화 <致我们终将逝去的青春(우리가 잃어버릴 청춘)> 중, 처음 만난 샤오베이와 인사하는 쩡웨이

쩡웨이 나는 쩡웨이야.
잘 부탁해. **我叫郑微。**
Wǒ jiào Zhèng Wēi.

郑微 Zhèng Wēi 명 쩡웨이(이름)

나도 잘 부탁해.  **彼此彼此。**
Bǐcǐ bǐcǐ. 샤오
베이

彼此彼此 bǐcǐ bǐcǐ 피차일반입니다

4

 请大家安静一下。
Qǐng dàjiā ānjìng yíxià.

 怎么了?
Zěnme le?

 请看一下这边。
Qǐng kàn yíxià zhèbiān.

5

 我叫郑微。 **请多多关照。**
Wǒ jiào Zhèng Wēi. Qǐng duōduō guānzhào.

 彼此彼此。
Bǐcǐ bǐcǐ.

DAY 25

"나 개랑 사이 엄청 좋아."

"A와 B" 또는 "A가 B한테"를
"A 跟 B"로 말해 보아요!

"A 跟 B"를 사용한 활용도 갑! 문장을 따라 읽어 보아요! 처음 두 번은 천천히, 마지막은 빠르게 읽어 보세요!

나 개랑 사이 엄청 좋아.

我跟他挺好。
Wǒ gēn tā tǐng hǎo.

나 너랑 얘기 좀 하고 싶어.

我想跟你聊聊。
Wǒ xiǎng gēn nǐ liáoliao.

이 일은 너와 상관없어.

这事跟你没有关系。
Zhè shì gēn nǐ méiyǒu guānxì.

너 개랑 사귀기로 했어?

你跟她在一起了?
Nǐ gēn tā zài yìqǐ le?

전에 내가 너한테 말했잖아.

之前我跟你说过。
Zhīqián wǒ gēn nǐ shuōguo.

얼른 사람들한테 말해봐요.

快跟大家说说。
Kuài gēn dàjiā shuōshuo.

나 개한테 알려줘야겠어.
(나 개한테 한 마디 말해줘야겠어.)

我要跟他说一声。
Wǒ yào gēn tā shuō yìshēng.

너 개한테 사과했어?

你跟她道歉了吗?
Nǐ gēn tā dàoqiàn le ma?

挺 tǐng 閉 엄청, 매우 聊 liáo 통 얘기하다, 잡담하다 事 shì 몡 일 关系 guānxì 몡 상관, 관계
在一起 zài yìqǐ 사귀다, 함께 있다 之前 zhīqián 몡 이전에, ~의 앞 一声 yìshēng 한 마디 道歉 dàoqiàn 통 사과하다

패턴 파헤치기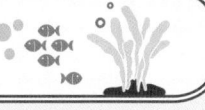

A 跟 B
gēn

'A와 B' 또는 'A가 B한테'라는 의미의 패턴이에요. 'A와 B'의 의미일 때는 A와 B가 함께 뭔가를 한다는 것을 나타내고, 'A가 B한테'의 의미일 때는 A가 하는 행동의 대상이 B라는 것을 나타내요. 'A와 B'의 의미일 때는 跟을 和(hé)로 바꿔 쓸 수 있답니다.

오늘의 패턴을 의미별 예문으로 익혀 봅니다.
아래 문장을 큰 소리로 따라 읽어 보세요.

'A와 B'의 의미일 때   이때의 跟은 和로 바꿔 말할 수 있어요.

我	跟 / 和	他	挺	好。	나 걔랑 사이 엄청 좋아.
Wǒ	gēn / hé	tā	tǐng	hǎo.	
나는	~와/랑	그	매우	좋다	

你	跟 / 和	她	在一起	了?	너 걔랑 사귀기로 했어? (너 걔랑 사귀게 됐어?)
Nǐ	gēn / hé	tā	zài yìqǐ	le?	
너는	~와/랑	그녀	사귀다	~하게 됐다	

'A가 B한테'의 의미일 때   跟이 '~한테'의 의미일 땐, 跟 뒤에 동작의 대상을 붙여 말하면 돼요.

(你)	快	跟	大家	说说。	(당신이) 얼른 사람들한테 말해봐요.
(Nǐ)	kuài	gēn	dàjiā	shuōshuo.	
(네가)	얼른	~한테	모든 사람, 사람들	말해보다	

我	要	跟	他	说	一声。	나 걔한테 한 마디 말해줘야겠어.
Wǒ	yào	gēn	tā	shuō	yì shēng.	
나는	~할 것이다	~한테	그	말하다	한 마디	

패턴으로 회화 레벨업!

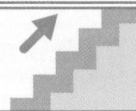

 대화 속 문장을 중국어로 직접 말해 보세요!

1

 좋은 방법 하나가 생각났어요! **我想出了一个好办法。**
Wǒ xiǎngchūle yí ge hǎo bànfǎ.

想出 xiǎngchū 생각해 내다　办法 bànfǎ 몡 방법

정말요? 얼른 사람들한테 말해봐요. **真的吗?**
Zhēn de ma?

2

 너 걔한테 사과했어?

아직 안 했어.  **还没有。**
Hái méiyǒu.

3

 이 일에 관해서, 나 걔한테 알려줘야겠어. 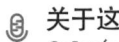 **关于这事,**
Guānyú zhè shì,

关于 guānyú 깨 ~에 관해

이 일은 너와 상관없어.

---

1 我想出了一个好办法。
Wǒ xiǎngchūle yí ge hǎo bànfǎ.

 真的吗?
Zhēn de ma?
快跟大家说说。
Kuài gēn dàjiā shuōshuo.

2 **你跟她道歉了吗?**
Nǐ gēn tā dàoqiàn le ma?

还没有。
Hái méiyǒu.

3 关于这事,
Guānyú zhè shì,
我要跟他说一声。
wǒ yào gēn tā shuō yì shēng.

 这事跟你没有关系。
Zhè shì gēn nǐ méiyǒu guānxì.

4

 너 보검이랑 사귀기로 했어?

宝剑 Bǎojiàn 명 보검(이름)

응, 전에 내가 너한테 말했잖아. **嗯,**
Èng,

 정말? 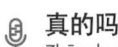 **真的吗?**
Zhēn de ma?

5 영화 <左耳(좌이)> 중, 쉬이가 일하는 술집으로 찾아간 샤오얼

샤오얼 나 너랑 얘기 좀 하고 싶어.

나 지금 일하는 중이야.  **我在工作。** 쉬이
Wǒ zài gōngzuò.

 4

 你跟宝剑在一起了?
Nǐ gēn Bǎojiàn zài yìqǐ le?

嗯, 之前我跟你说过。
Èng, zhīqián wǒ gēn nǐ shuōguo.

真的吗?
Zhēn de ma?

 5

샤오얼 **我想跟你聊聊。**
Wǒ xiǎng gēn nǐ liáoliao.

쉬이 **我在工作。**
Wǒ zài gōngzuò.

"나 너한테 관심 있어."

"A한테/A에 대해 B하다" 또는
"A한테 있어서 B하다"를 "对 A B"로 말해 보아요!

"对 A B"를 사용한 활용도 갑! 문장을 따라 읽어 보아요! 처음 두 번은 천천히, 마지막은 빠르게 읽어 보세요!

나 너한테 관심 있어.

我对你有意思。
Wǒ duì nǐ yǒu yìsi.

걔 나한테 무척 잘 해줘.

他对我挺好。
Tā duì wǒ tǐng hǎo.

너 나한테 무슨 불만 있어?

你对我有什么不满吗?
Nǐ duì wǒ yǒu shénme bùmǎn ma?

넌 뭐에 관심이 있어?
(넌 뭐에 흥미를 느껴?)

你对什么感兴趣?
Nǐ duì shénme gǎn xìngqù?

결론에 대해 의견 있으신가요?

对结论有意见吗?
Duì jiélùn yǒu yìjiàn ma?

그건 나한테는 안 중요해.

那个对我来说不重要。
Nàge duì wǒ láishuō bú zhòngyào.

나한테는 별 차이가 없어.

对我来说没有区别。
Duì wǒ láishuō méiyǒu qūbié.

저희 입장에서는 받아들이기 어렵네요.

对我们来说很难接受。
Duì wǒmen láishuō hěn nán jiēshòu.

意思 yìsi 몡 (이성에 대한)관심, 흥미　不满 bùmǎn 혱 불만족하다, 불만스럽다　有不满 yǒu bùmǎn 불만이 있다

感兴趣 gǎn xìngqù 관심이 있다, 흥미를 느끼다　结论 jiélùn 몡 결론　意见 yìjiàn 몡 의견

重要 zhòngyào 혱 중요하다　区别 qūbié 몡 차이, 구별　难 nán 혱 어렵다　接受 jiēshòu 동 받아들이다

难接受 nán jiēshòu 받아들이기 어렵다

 # 패턴 파헤치기

对 A B
duì

'A한테/A에 대해 B하다' 또는 'A한테 있어서 B하다'라는 의미의 패턴이에요. 'A한테/A에 대해 B하다'라는 의미일 땐 A에 동작의 대상을, B에 동사를 넣어 말하면 돼요. 'A한테 있어서 B하다'라는 의미일 때는 对A来说B(A의 입장에서 말하자면 B하다)의 형태로 자주 쓰여요.

 오늘의 패턴을 의미별 예문으로 익혀 봅니다.
아래 문장을 큰 소리로 따라 읽어 보세요.

'A한테 / A에 대해 B하다'의 의미일 때
이때 A에는 동작이나 관심의 대상을 나타내는 명사를 넣어 말하면 돼요.

我	对	你	有	意思。	나 너한테 관심 있어.
Wǒ	duì	nǐ	yǒu	yìsi.	
나는	~한테	너	있다	관심이	

你	对	什么	感	兴趣?	넌 뭐에 관심 있어? (넌 뭐에 흥미를 느껴?)
Nǐ	duì	shénme	gǎn	xìngqù?	
너는	~에 대해	무엇	느끼다	흥미를	

'A한테 있어서 B하다'의 의미일 때
이때는 '对A来说B'의 형태로 자주 쓰여요.

那个	对	我	来说	不重要。	그건 나한테는 안 중요해.
Nàge	duì	wǒ	láishuō	bú zhòngyào.	
그것은	~한테 있어서	나	말하자면	중요하지 않다	

对	我	来说	没有	区别。	나한테는 차이가 없어.
Duì	wǒ	láishuō	méiyǒu	qūbié.	
~한테 있어서	나	말하자면	없다	차이가	

패턴으로 회화 레벨업!

 대화 속 문장을 중국어로 직접 말해 보세요!

1

 너 어떤 거 선택할 거야?　 **你要选哪个?**
Nǐ yào xuǎn nǎge?

选 xuǎn 图 선택하다　哪个 nǎge 대 어떤 것, 어느 것

모르겠어. 나한테는
별 차이가 없어.　 **不知道。**
Bù zhīdào.

2

 너 뭐에 관심 있어?　

나 그림 그리는 거 좋아해.　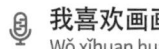 **我喜欢画画。**
Wǒ xǐhuan huà huà.

画画 huà huà 그림을 그리다

3

 결론에 대해 의견 있으신가요?　

저희 입장에서는 받아들이기 어렵네요.　

 1
你要选哪个?
Nǐ yào xuǎn nǎge?

不知道。
Bù zhīdào.
对我来说没有区别。
Duì wǒ láishuō méiyǒu qūbié.

 2
你对什么感兴趣?
Nǐ duì shénme gǎn xìngqù?

我喜欢画画。
Wǒ xǐhuan huà huà.

 3
对结论有意见吗?
Duì jiélùn yǒu yìjiàn ma?

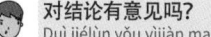
对我们来说很难接受。
Duì wǒmen láishuō hěn nán jiēshòu.

4 ─────────────────

 너 수지한테 무슨 불만 있어?

秀智 Xiùzhì 명 수지(이름)

없어. 걔 나한테 무척 잘 해줘. **没有啊。**
Méiyǒu a.

 그럼 잘됐네.  **那就好了。**
Nà jiù hǎo le.

那 nà 접 그럼, 그렇다면

5 영화 <后来的我们(먼 훗날 우리)> 중, 차 안에서 말다툼을 하는 지엔칭과 샤오샤오

지엔칭 너 내가 못 해낼 거라고
생각하는 거 아냐? 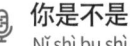 **你是不是觉得我做不到？**
Nǐ shì bu shì juéde wǒ zuò bu dào?

做不到 zuò bu dào 못 해내다

그건 나한테는 안 중요해.   샤오
샤오

4

 你对秀智有什么不满吗？
Nǐ duì Xiùzhì yǒu shénme bùmǎn ma?

 没有啊。她对我挺好。
Méiyǒu a. Tā duì wǒ tǐng hǎo.

 那就好了。
Nà jiù hǎo le.

5

지엔칭 **你是不是觉得我做不到？**
Nǐ shì bu shì juéde wǒ zuò bu dào?

샤오샤오 **那个对我来说不重要。**
Nàge duì wǒ láishuō bú zhòngyào.

DAY 27

"내가 해 줄게."

"A 대신 B하다, A가 B하는 것을 돕다"를
"帮 A B"로 말해 보아요!

👄 **"帮 A B"를 사용한 활용도 갑! 문장을 따라 읽어 보아요. 처음 두 번은 천천히, 마지막은 빠르게 읽어 보세요!**

내가 해 줄게.

🎤 **我帮你做。**
Wǒ bāng nǐ zuò.

걔가 너 대신 잘 고쳐 줬어.

🎤 **她帮你修好了。**
Tā bāng nǐ xiūhǎo le.

우리 대신 잘 보관해 줘.

🎤 **帮我们保管好。**
Bāng wǒmen bǎoguǎn hǎo.

내가 이미 (너 대신) 잘 준비해놨어.

🎤 **我已经帮你安排好了。**
Wǒ yǐjing bāng nǐ ānpái hǎo le.

이거 좀 들어 줘.
(내가 이거 드는 것 좀 도와줘.)

🎤 **帮我拿一下这个。**
Bāng wǒ ná yíxià zhège.

문 좀 열어 줘.

🎤 **帮我开一下门。**
Bāng wǒ kāi yíxià mén.

나 대신 좀 알아봐 줘.

🎤 **帮我查一下。**
Bāng wǒ chá yíxià.

저 대신 소식 좀 전해 주세요.

🎤 **帮我传一下消息。**
Bāng wǒ chuán yíxià xiāoxi.

修 xiū 동 고치다, 수리하다　保管 bǎoguǎn 동 보관하다　已经 yǐjing 부 이미, 벌써

安排 ānpái 동 (조리 있게 일을) 준비하다, 안배하다　拿 ná 동 들다　开 kāi 동 열다　查 chá 동 알아보다, 조사하다

传 chuán 동 전하다　消息 xiāoxi 명 소식

패턴 파헤치기

帮 A B
bāng

'A 대신 B하다, A가 B하는 것을 돕다'라는 의미의 패턴이에요. A에 도움의 대상을, B에 동사를 넣어 말하면 돼요. 도움을 요청하는 상황에서는 一下(좀)와 함께 자주 쓰인답니다.

 오늘의 패턴을 여러 가지 문장 형태로 익혀 봅니다. 아래 문장을 큰 소리로 따라 읽어 보세요.

帮 A B 형태

我	帮	你	做。	내가 해 줄게.
Wǒ	bāng	nǐ	zuò.	(내가 너 대신 할게.)
나는	돕다	너를	하다	

她	帮	你	修了。	걔가 너 대신 고쳤어.
Tā	bang	nǐ	xiū le.	
그녀는	돕다	너를	고쳤다	

帮 A B 一下 형태 도움을 요청할 때는 一下(좀)를 붙여 말해요.

帮	我	做	一下。	나 대신 좀 해 줘.
Bāng	wǒ	zuò	yíxià.	(내가 하는 것을 좀 도와 줘.)
돕다	나를	하다	좀	

帮	他	修	一下。	쟤 대신 좀 고쳐 줘.
Bāng	tā	xiū	yíxià.	
돕다	그를	고치다	좀	

패턴으로 회화 레벨업!

 대화 속 문장을 중국어로 직접 말해 보세요!

1

 저 대신 소식 좀 전해 주세요.

알겠어요. 걱정 마세요.  **没问题。别担心。**
Méi wèntí. Bié dānxīn.

没问题 méi wèntí 알겠다, 문제 없다　担心 dānxīn 통 걱정하다

2

 누가 내 컴퓨터 고쳤어? **谁修了我的电脑?**
Shéi xiūle wǒ de diànnǎo?

的 de 조 ~의　电脑 diànnǎo 명 컴퓨터

쟤가 잘 고쳐줬어.

3

 여행 일정 말이야, 나 대신 좀 알아봐 줘. 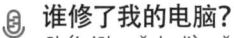 **旅游日程,**
Lǚyóu rìchéng,

旅游 lǚyóu 통 여행하다　日程 rìchéng 명 일정

내가 이미 (너 대신) 잘 준비해놨어.

 1

 帮我传一下消息。
Bāng wǒ chuán yíxià xiāoxi.

没问题。别担心。
Méi wèntí. Bié dānxīn.

 2

 谁修了我的电脑?
Shéi xiūle wǒ de diànnǎo?

她帮你修好了。
Tā bāng nǐ xiūhǎo le.

 3

 旅游日程, 帮我查一下。
Lǚyóu rìchéng, bāng wǒ chá yíxià.

我已经帮你安排好了。
Wǒ yǐjīng bāng nǐ ānpái hǎo le.

4

 나 비밀번호 몰라, 네가 문 좀 열어 줘. 我不知道密码,
Wǒ bù zhīdào mìmǎ,

密码 mìmǎ 명 비밀번호

그래, 이거 좀 들어 줘. 行,
Xíng,

行 xíng 통 그래, 할 수 있다

 응. 好。
Hǎo.

5 영화 <分手合约(이별계약)> 중, 식당 주인 아저씨에게 리싱과의 이별 계약서를 잘 보관해 달라고 부탁하는 챠오챠오

챠오 챠오 남 선생님, 우리 대신 잘 보관해주세요. 南师傅,
Nán shīfu,

师傅 shīfu 명 선생님(높임말)

그래요. 好。
Hǎo. 식당 주인

4

 我不知道密码, **你帮我开一下门。**
Wǒ bù zhīdào mìmǎ, nǐ bāng wǒ kāi yíxià mén.

 行, **帮我拿一下这个。**
Xíng, bāng wǒ ná yíxià zhège.

 好。
Hǎo.

5

챠오 챠오 南师傅, **帮我们保管好。**
Nán shīfu, bāng wǒmen bǎoguǎn hǎo.

식당 주인 好。
Hǎo.

"이거 너 줄게."

"A에게 B를 주다" 또는
"A에게 B하다/A를 위해 B해주다"를 "给 A B"로 말해 보아요!

"给 A B"를 사용한 활용도 갑! 문장을 따라 읽어 보아요! 처음 두 번은 천천히, 마지막은 빠르게 읽어 보세요!

이거 너 줄게.
(내가 너에게 이것을 줄게.)

我给你这个。
Wǒ gěi nǐ zhège.

내 번호 줄게.
(내가 너에게 내 번호를 줄게.)

我给你我的号码。
Wǒ gěi nǐ wǒ de hàomǎ.

내게 기회를 줘.

给我机会吧。
Gěi wǒ jīhuì ba.

내게 시간을 좀 줘.

给我一点时间。
Gěi wǒ yìdiǎn shíjiān.

내가 (너를 위해) 사 줄게.

我给你买。
Wǒ gěi nǐ mǎi.

(나를 위해) 월급 올려 주세요.

给我涨薪水。
Gěi wǒ zhǎng xīnshui.

내가 내일 너한테 전화할게.

我明天给你打电话。
Wǒ míngtiān gěi nǐ dǎ diànhuà.

이거 널 위해 준비한 거야.

这是给你准备的。
Zhè shì gěi nǐ zhǔnbèi de.

号码 hàomǎ 몡번호 **机会** jīhuì 몡기회 **一点** yìdiǎn 좀, 약간 **时间** shíjiān 몡시간

涨 zhǎng 통(수위, 물가가) 오르다 **薪水** xīnshui 몡임금, 급여 **打电话** dǎ diànhuà 통전화를 걸다

准备 zhǔnbèi 통준비하다

  **패턴 파헤치기**

给 AB
gěi

'A에게 B를 주다' 또는 'A에게 B하다/A를 위해 B해주다'라는 의미의 패턴이에요. 'A에게 B를 주다'의 의미일 때 给는 '주다'라는 뜻의 동사예요. 'A에게 B하다/A를 위해 B해주다'의 의미일 때는 '~에게/~를 위해'라는 뜻의 전치사이고, B에는 동사를 넣어 말하면 된답니다.

오늘의 패턴을 의미별 예문으로 익혀 봅니다. 아래 문장을 큰 소리로 따라 읽어 보세요.

给가 '주다'의 동사일 때
A에 받는 대상을, B에 주는 것을 넣어 말하면 되고, A나 B 중 하나는 생략할 수 있어요.

我	给	你	这个。	이거 너 줄게.
Wǒ	gěi	nǐ	zhège.	(내가 너에게 이것을 줄게.)
나는	주다	너에게	이것을	

给	我	吧。	나 주라.
Gěi	wǒ	ba.	(나한테 주라.)
주다	나에게	~해줘	

给가 '~에게, ~를 위해'의 전치사일 때
A에는 동작의 대상을, B에는 동사를 넣어 말하면 돼요.

我	给	你	打电话。	내가 너한테 전화할게.
Wǒ	gěi	nǐ	dǎ diànhuà.	
나는	~에게	너	전화를 걸다	

我	给	你	买。	내가 (너를 위해) 사 줄게.
Wǒ	gěi	nǐ	mǎi.	
나는	~를 위해	너	사다	

패턴으로 회화 레벨업!

 대화 속 문장을 중국어로 직접 말해 보세요!

1

 아직 다 못 했어? 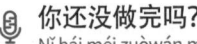 你还没做完吗?
Nǐ hái méi zuòwán ma?

기다려봐, 시간을 좀 줘.  等一下,
Děng yíxià,

2

 나 이거 갖고 싶어. 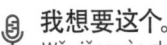 我想要这个。
Wǒ xiǎng yào zhège.

想要 xiǎng yào 갖고 싶다, 원하다

내가 사 줄게.

3

 내 번호 줄게.

그래! 내가 내일 너한테 전화할게. 好啊!
Hǎo a!

---

1 你还没做完吗?
Nǐ hái méi zuòwán ma?

等一下, 给我一点时间。
Děng yíxià, gěi wǒ yìdiǎn shíjiān.

2 我想要这个。
Wǒ xiǎng yào zhège.

我给你买。
Wǒ gěi nǐ mǎi.

3 我给你我的号码。
Wǒ gěi nǐ wǒ de hàomǎ.

好啊! 我明天给你打电话。
Hǎo a! Wǒ míngtiān gěi nǐ dǎ diànhuà.

4

 이거 널 위해 준비한 거야.

너 지금 사과하는 거야?  **你是在道歉吗?**
Nǐ shì zài dàoqiàn ma?

道歉 dàoqiàn 통 사과하다

 맞아, 기회를 주라. **对,**
Duì,

 5 영화 <我的少女时代(나의 소녀시대)> 중, 제대로 된 대우를 해주지 않으면 회사를 나가겠다고 당당히 말하는 린쩐신

린쩐신 월급 올려 주세요. **要不我要辞职。**
안 그러면 사직하겠어요. Yàobù wǒ yào cízhí.

要不 yàobù 접 안 그러면, 그렇지 않으면   辞职 cízhí 통 사직하다

 4

 这是给你准备的。
Zhè shì gěi nǐ zhǔnbèi de.

你是在道歉吗?
Nǐ shì zài dàoqiàn ma?

 对, 给我机会吧。
Duì, gěi wǒ jīhuì ba.

 5

린쩐신 **给我涨薪水。   要不我要辞职。**
Gěi wǒ zhǎng xīnshui. Yàobù wǒ yào cízhí.

해커스 중국어회화 10분의 기적 패턴으로 말하기

"부모님이 나보고 선 보래."

"A에게 B하라고 시키다"를 "让 A B"로 말해 보아요!

"让 A B"를 사용한 활용도 갑! 문장을 따라 읽어 보아요! 처음 두 번은 천천히, 마지막은 빠르게 읽어 보세요!

부모님이 나보고 선 보래.
(부모님이 나에게 맞선 보라고 시켰어.)

爸妈让我相亲。
Bà mā ràng wǒ xiāngqīn.

미안해, 오래 기다리게 했네!
(미안해, 너를 오래 기다리게 만들었네!)

对不起, 让你久等了!
Duìbuqǐ, ràng nǐ jiǔ děng le!

걔가 나보고 운동 많이 하래.

他让我多运动。
Tā ràng wǒ duō yùndòng.

내가 너한테 진료받으라고
했는데, 받았어?

我让你看医生, 你看了吗?
Wǒ ràng nǐ kàn yīshēng, nǐ kànle ma?

걔가 자기 휴대폰을 못 보게 해.

他不让我看他手机。
Tā bú ràng wǒ kàn tā shǒujī.

나보고 어떡하라고?
(너 나에게 어떻게 하게 하려고?)

你让我怎么办?
Nǐ ràng wǒ zěnme bàn?

나 갈래. / 나 보내 줘.
(나를 가도록 해 줘.)

让我走吧。
Ràng wǒ zǒu ba.

나한테 맡겨. / 내가 할게.
(나에게 하라고 시켜.)

让我来。
Ràng wǒ lái.

爸妈 bà mā 부모(아버지와 어머니)　相亲 xiāngqīn 통 맞선을 보다　对不起 duìbuqǐ 통 미안하다　久 jiǔ 형 오랫동안

运动 yùndòng 통 운동하다　医生 yīshēng 명 의사　看医生 kàn yīshēng 의사에게 진료를 받다

手机 shǒujī 명 휴대폰　怎么办 zěnme bàn 어떡해?

来 lái 통 (어떤 동작을) 하다(의미가 구체적인 동사를 대신해서 쓰임)

패턴 파헤치기

让 A B
ràng

'A에게 B하라고 시키다'라는 의미로, 다른 사람에게 무엇을 하라고 시키는 말을 할 때 쓰는 패턴이에요. A에 행동을 해야 하는 사람을, B에 동사를 넣어 말하면 돼요. 지시, 허락, 방치와 같은 뉘앙스를 전달할 수 있답니다.

 **오늘의 패턴을 긍정문, 부정문, 의문문, 명령문의 기본 문형으로 익혀 봅니다.
아래 문장을 큰 소리로 따라 읽어 보세요.**

긍정문

爸妈	让	我	相亲。
Bà mā	ràng	wǒ	xiāngqīn.
부모님이	~하라고 시키다	나에게	맞선 보다

부모님이 나보고 선 보래.
(부모님이 나에게 맞선 보라고 시켰어.)

부정문 让앞에 不를 붙이면 부정문이 돼요. '~하지 못하게 하다'라는 의미랍니다.

爸妈	不	让	我	相亲。
Bà mā	bú	ràng	wǒ	xiāngqīn.
부모님이	아니	~하라고 시키다	나에게	맞선 보다

부모님이 나 선 못 보게 하셔.
(부모님이 나에게 맞선 보라고 허락 안 하셨어.)

의문문 문장 맨 끝에 吗?를 붙이면 의문문이 돼요.

爸妈	让	你	相亲	吗?
Bà mā	ràng	nǐ	xiāngqīn	ma?
부모님이	~하라고 시키다	너에게	맞선 보다	~니?

부모님이 너보고 선 보래?
(부모님이 너에게 맞선 보라고 시켰어?)

명령문 주어를 생략하거나, 문장 맨 뒤에 吧를 붙이면 명령하거나 부탁하는 하는 말이 돼요.

让	他	相亲	吧。
Ràng	tā	xiāngqīn	ba.
~하라고 시키다	그에게	맞선 보다	~해라

걔 선 보게 해.
(걔에게 맞선 보라고 시켜.)

해커스 중국어회화 10분의 기적 패턴으로 말하기

패턴으로 회화 레벨업!

 대화 속 문장을 중국어로 직접 말해 보세요!

1

 미안해, 오래 기다리게 했네! 🎙️

괜찮아. 🎙️ 没事。
Méishì.

2

 너 남자 친구랑 왜 싸웠어? 🎙️ **你为什么跟男朋友吵架?**
Nǐ wèishénme gēn nán péngyou chǎojià?

为什么 wèishénme 대 왜   男朋友 nán péngyou 명 남자 친구   吵架 chǎojià 동 다투다

걔가 자기 휴대폰을 못 보게 해. 🎙️

3

 내가 너한테 진료받으라고 했는데, 받았어? 🎙️

받았어. 의사 선생님이 나보고 운동 많이 하라고 하셨어. 🎙️ 看了。
Kàn le.

1
对不起, 让你久等了!
Duìbuqǐ, ràng nǐ jiǔ děng le!

没事。
Méishì.

2
你为什么跟男朋友吵架?
Nǐ wèishénme gēn nán péngyou chǎojià?

他不让我看他手机。
Tā bú ràng wǒ kàn tā shǒujī.

3
我让你看医生, 你看了吗?
Wǒ ràng nǐ kàn yīshēng, nǐ kànle ma?

看了。 他让我多运动。
Kàn le. Tā ràng wǒ duō yùndòng.

4

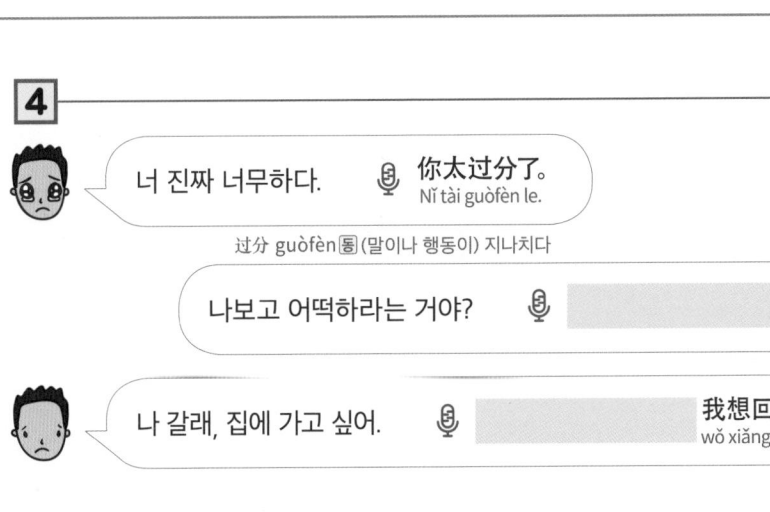

너 진짜 너무하다. 你太过分了。
Nǐ tài guòfèn le.

过分 guòfèn 图 (말이나 행동이) 지나치다

나보고 어떡하라는 거야?

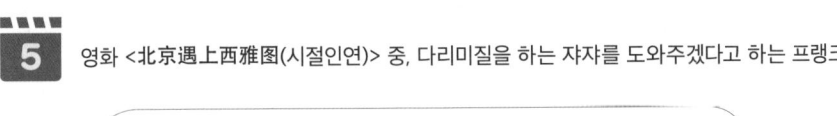

나 갈래, 집에 가고 싶어. 我想回家。
wǒ xiǎng huíjiā.

5 영화 <北京遇上西雅图(시절인연)> 중, 다리미질을 하는 쟈쟈를 도와주겠다고 하는 프랭크

프랭크 고생하지 말고, 이리 줘요. 你别折腾了，我来。
Nǐ bié zhēteng le, wǒ lái.

折腾 zhēteng 图 고생하다

내가 할게요. 쟈쟈

 4

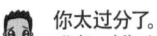 你太过分了。
Nǐ tài guòfèn le.

你让我怎么办?
Nǐ ràng wǒ zěnme bàn?

让我走吧，我想回家。
Ràng wǒ zǒu ba, wǒ xiǎng huíjiā.

 5

프랭크 你别折腾了，我来。
Nǐ bié zhēteng le, wǒ lái.

쟈쟈 让我来。
Ràng wǒ lái.

DAY 29 "부모님이 나보고 선 보래." 137

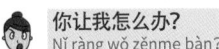

"걔 너보다 어려."

"A보다 B하다"를 "比 A B"로 말해 보아요!

"比 A B"를 사용한 활용도 갑! 문장을 따라 읽어 보아요! 처음 두 번은 천천히, 마지막은 빠르게 읽어 보세요!

걔 너보다 어려.

他比你小。
Tā bǐ nǐ xiǎo.

전보다 많이 좋아졌어요.

比以前好多了。
Bǐ yǐqián hǎoduō le.

걔 나보다 많이 못 먹어.
(걔 먹는 게 나보다 많지 않아.)

他吃得不比我多。
Tā chī de bù bǐ wǒ duō.

이게 저거보다 안 예쁘다.

这件不比那件好看。
Zhè jiàn bù bǐ nà jiàn hǎokàn.

이게 저거보다 싸?

这个比那个便宜吗?
Zhège bǐ nàge piányi ma?

걔가 너보다 말랐어?

他比你瘦吗?
Tā bǐ nǐ shòu ma?

걔가 나보다 예뻐?

她比我漂亮吗?
Tā bǐ wǒ piàoliang ma?

네가 걔보다 커 안 커?
(네 키가 걔보다 커 안 커?)

你是不是比她高?
Nǐ shì bu shì bǐ tā gāo?

小 xiǎo 형 (나이가) 어리다　以前 yǐqián 명 이전　件 jiàn 양 벌(의류를 세는 데 쓰임)

好看 hǎokàn 형 예쁘다, 보기 좋다　便宜 piányi 형 싸다　瘦 shòu 형 (몸이) 마르다, 여위다　漂亮 piàoliang 형 예쁘다

高 gāo 형 (키가) 크다, 높다

 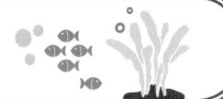

패턴 파헤치기

比 AB
bǐ

'A보다 B하다'라는 의미로 비교할 때 쓰는 패턴이에요. A에 비교 대상을, B에 비교 내용을 나타내는 형용사를 넣어 말하면 된답니다.

 오늘의 패턴을 긍정문, 부정문, 의문문의 기본 문형으로 익혀 봅니다.
아래 문장을 큰 소리로 따라 읽어 보세요.

긍정문

他	比	你	小。	
Tā	bǐ	nǐ	xiǎo.	걔 너보다 어려.
그는	~보다	너	어리다	

부정문   比 앞에 不를 붙이면 부정문이 돼요.

他	不	比	你	小。	
Tā	bù	bǐ	nǐ	xiǎo.	걔 너보다 어리지 않아.
그는	아니	~보다	너	어리다	

의문문   문장 끝에 吗?를 붙이면 의문문이 되고, 比 앞에 是不是를 붙이고 문장 끝에 물음표를 붙이면 정반의문문이 돼요.

他	比	你	小	吗?	
Tā	bǐ	nǐ	xiǎo	ma?	걔가 너보다 어려?
그는	~보다	너	어리다	~니?	

他	是不是	比	你	小?	
Tā	shì bu shì	bǐ	nǐ	xiǎo?	걔가 너보다 어려 안 어려?
그는	~이니 아니니?	~보다	너	어리다	

 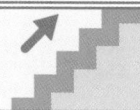

패턴으로 회화 레벨업!

 대화 속 문장을 중국어로 직접 말해 보세요!

1

 몸은 좀 어때요? 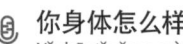 你身体怎么样?
Nǐ shēntǐ zěnmeyàng?

身体 shēntǐ 명 몸, 신체

전보다 많이 좋아졌어요.

2

 네가 걔보다 커 안 커?

내가 크지. 걔보다 10cm 커. 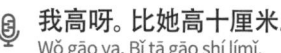 我高呀。比她高十厘米。
Wǒ gāo ya. Bǐ tā gāo shí límǐ.

厘米 límǐ 양 cm(센티미터)

3

 걔가 너보다 말랐나?

당연하지. 걔가 나보다 많이 못 먹잖아.  当然了。
Dāngrán le.

---

 1 你身体怎么样?
Nǐ shēntǐ zěnmeyàng?

 比以前好多了。
Bǐ yǐqián hǎoduō le.

 2 你是不是比她高?
Nǐ shì bu shì bǐ tā gāo?

 我高呀。比她高十厘米。
Wǒ gāo ya. Bǐ tā gāo shí límǐ.

 3 他比你瘦吗?
Tā bǐ nǐ shòu ma?

 当然了。他吃得不比我多。
Dāngrán le. Tā chī de bù bǐ wǒ duō.

4

 이게 저거보다 싸?

응, 근데 이게 저거보다 안 예쁘다. 嗯, 不过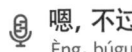
Èng, búguò

不过 búguò 쩝 하지만

 그럼 저거 사야겠다. 那我要买那个。
Nà wǒ yào mǎi nàge.

5 영화 <分手合约(이별계약)> 중, 리싱의 가게에서 말다툼하는 남녀 커플

여자
손님
 너 왜 계속 쟤 쳐다 봐? 你为什么一直看她?
Nǐ wèishénme yìzhí kàn tā?

쟤가 나보다 예뻐?

为什么 wèishénme 때 왜, 어째서

4

 这个比那个便宜吗?
Zhège bǐ nàge piányi ma?

 嗯, 不过 这件不比那件好看。
Èng, búguò zhè jiàn bù bǐ nà jiàn hǎokàn.

 那我要买那个。
Nà wǒ yào mǎi nàge.

5

여자
손님
你为什么一直看她?
Nǐ wèishénme yìzhí kàn tā?

她比我漂亮吗?
Tā bǐ wǒ piàoliang ma?

DAY 30

해커스 중국어회화! 10분의 기적 패턴으로 말하기

"미안, 내가 그거 먹었어."

"A를 B했다"를
"把 A B"로 말해 보아요!

"把 A B"를 사용한 활용도 갑! 문장을 따라 읽어 보아요! 처음 두 번은 천천히, 마지막은 빠르게 읽어 보세요!

미안, 내가 그거 먹었어.
(미안, 내가 그것을 먹었어.)

抱歉，我把它吃了。
Bàoqiàn, wǒ bǎ tā chī le.

손 줘 봐.
(손을 나한테 줘.)

把手给我。
Bǎ shǒu gěi wǒ.

이거 너 주려고.
(내가 이것을 너한테 줄게.)

我要把这个给你。
Wǒ yào bǎ zhège gěi nǐ.

그거 당신 책상 위에 뒀어요.
(제가 그것을 당신 책상 위에 뒀어요.)

我把它放在你的桌子上了。
Wǒ bǎ tā fàngzài nǐ de zhuōzi shang le.

나 너를 우리 부모님께
소개해드리고 싶어.

我想把你介绍给我父母。
Wǒ xiǎng bǎ nǐ jièshào gěi wǒ fùmǔ.

너 방 청소 다 안 했더라.
(너 방을 다 청소하지 않았어.)

你没把房间打扫完。
Nǐ méi bǎ fángjiān dǎsǎo wán.

그 책 가져왔어요?
(당신은 그 책을 가져왔어요?)

你把那本书带来了吗?
Nǐ bǎ nà běn shū dàilaile ma?

너 외투 세탁했어 안 했어?
(너 외투를 세탁했어 안 했어?)

你把外套洗了没有?
Nǐ bǎ wàitào xǐle méiyǒu?

抱歉 bàoqiàn 형 미안, 미안하다　手 shǒu 명 손　放在 fàngzài ~에 놓다　桌子上 zhuōzi shang 탁자 위
介绍给~ jièshào gěi~ ~에게 소개하다　父母 fùmǔ 명 부모　房间 fángjiān 명 방　打扫 dǎsǎo 통 청소하다
带来 dàilai 가져오다　外套 wàitào 명 외투　洗 xǐ 통 세탁하다, 씻다

패턴 파헤치기

把 A B
bǎ

'A를 B했다'라는 의미로, 어떤 대상에 대한 처리 결과를 말할 때 쓰는 패턴이에요. A에 동작의 대상을, B에 동사를 넣어 말하면 돼요. 동작의 처리 결과를 나타내기 때문에 동사 뒤에 了나 결과를 나타내는 말을 붙여서 말해요. 이런 문장을 把자문이라고 한답니다.

 오늘의 패턴을 긍정문, 부정문, 의문문의 기본 문형으로 익혀 봅니다.
아래 문장을 큰 소리로 따라 읽어 보세요.

긍정문 把를 사용하면 대상에 대한 동작의 결과가 강조되기 때문에, 동사 뒤에 了를 붙여 써요.

我	把	它	吃	了。
Wǒ	bǎ	tā	chī	le.
나는	~을/를	그것	먹다	~했다

내가 그거 먹었어.
(내가 그것을 먹었어.)

부정문 지난 일을 부정할 땐 동사 앞에 没(有)를 붙이면 돼요. 没(有)를 붙이면 지난 일임을 알 수 있기 때문에 了를 붙이지 않아요.

我	没(有)	把	它	吃。
Wǒ	méi(yǒu)	bǎ	tā	chī.
나는	~하지 않았다	~을/를	그것	먹다

나 그거 안 먹었어.
(나는 그것을 먹지 않았어.)

의문문 문장 맨 끝에 吗?를 붙이면 의문문이 되고, 没有?를 붙이면 정반의문문이 돼요.

你	把	它	吃	了	吗?
Nǐ	bǎ	tā	chī	le	ma?
너는	~을/를	그것	먹다	~했다	~니?

너 그거 먹었어?
(네가 그것을 먹었어?)

你	把	它	吃	了	没有?
Nǐ	bǎ	tā	chī	le	méiyǒu?
너는	~을/를	그것	먹다	~했다	~했니 안 했니?

너 그거 먹었어 안 먹었어?
(네가 그것을 먹었어 안 먹었어?)

패턴으로 회화 레벨업!

 대화 속 문장을 중국어로 직접 말해 보세요!

1

 너 방 청소 다 안 했더라.

내일 청소할게. 🎤 **我明天打扫吧。**
Wǒ míngtiān dǎsǎo ba.

2

 너 외투 세탁했어 안 했어?

안 했는데, 세탁해야 해? 🎤 **没有啊, 要洗吗?**
Méiyǒu a, yào xǐ ma?

3

 그 책 가져왔어요?

네, 그거 당신 책상 위에 뒀어요. 嗯,
Èng,

1
 你没把房间打扫完。
Nǐ méi bǎ fángjiān dǎsǎo wán.

 我明天打扫吧。
Wǒ míngtiān dǎsǎo ba.

2
 你把外套洗了没有？
Nǐ bǎ wàitào xǐle méiyǒu?

 没有啊, 要洗吗?
Méiyǒu a, yào xǐ ma?

3
你把那本书带来了吗？
Nǐ bǎ nà běn shū dàilaile ma?

嗯, 我把它放在你的桌子上了。
Èng, wǒ bǎ tā fàngzài nǐ de zhuōzi shang le.

4

손 줘 봐.

왜? **怎么了?**
Zěnme le?

이거 너 주려고.

 영화 <听说(청설)> 중, 혼잣말로 양양에게 고백하는 티엔커

티엔커 나 너를 우리 부모님께 소개해드리고 싶어.

왜냐하면 내가 널 좋아하니까.　　　　　**因为我喜欢你。**
　　　　　Yīnwèi wǒ xǐhuan nǐ.

因为 yīnwèi [접] 왜냐하면

4

把手给我。
Bǎ shǒu gěi wǒ.

怎么了?
Zěnme le?

我要把这个给你。
Wǒ yào bǎ zhège gěi nǐ.

5

티엔커 我想把你介绍给我父母。
Wǒ xiǎng bǎ nǐ jièshào gěi wǒ fùmǔ.

因为我喜欢你。
Yīnwèi wǒ xǐhuan nǐ.

"나 여자 친구한테 차였어."

"A에 의해 B당하다"를 "被A B"로 말해 보아요!

"被A B"를 사용한 활용도 갑! 문장을 따라 읽어 보아요! 처음 두 번은 천천히, 마지막은 빠르게 읽어 보세요!

나 여자 친구한테 차였어.

我被女朋友甩了。
Wǒ bèi nǚ péngyou shuǎi le.

너 때문에 놀랐잖아!
(너에 의해 놀라서 팔짝 뛰었어!)

被你吓了一跳！
Bèi nǐ xiàle yí tiào!

나 쟤한테 끌려!
(나 쟤한테 매료됐어!)

我被她吸引了！
Wǒ bèi tā xīyǐn le!

당신은 이미 해고됐어요.
(당신은 이미 해고당했어요.)

你已经被解雇了。
Nǐ yǐjing bèi jiěgù le.

나 괴롭힘당한 거 아니야.
(나 괴롭힘당하지 않았어.)

我没有被欺负。
Wǒ méiyǒu bèi qīfu.

범인 잡혔어?

犯人被抓了吗？
Fànrén bèi zhuāle ma?

들키면 어떡하지?
(발견되면 어떡하지?)

被发现怎么办？
Bèi fāxiàn zěnme bàn?

너 누구한테 맞았어?

你被谁打了？
Nǐ bèi shéi dǎ le?

女朋友 nǚ péngyou 몡 여자 친구　甩 shuǎi 동 (연인을) 차 버리다　吓 xià 동 놀라게 하다, 놀라다
跳 tiào 동 위로 뛰어오르다　吓一跳 xià yí tiào 깜짝 놀라다　吸引 xīyǐn 동 끌어들이다, 매료시키다
解雇 jiěgù 동 해고하다　欺负 qīfu 동 괴롭히다　犯人 fànrén 몡 범인　抓 zhuā 동 (손으로) 잡다
发现 fāxiàn 동 발견하다　打 dǎ 동 때리다

 ## 패턴 파헤치기

被 A B
bèi

'A에 의해 B당하다'라는 의미로, 당한 동작과 그 결과를 말할 때 쓰는 패턴이에요. 당한 사람이나 사물이 주어가 되고, A에 동작을 한 사람을, B에 동사를 넣어 말하면 돼요. 동작을 한 사람이 누구인지 모르거나 말할 필요가 없을 때에는 A를 생략해도 돼요. 이런 문장을 被자문이라고 해요.

오늘의 패턴을 긍정문, 부정문, 의문문의 기본 문형으로 익혀 봅니다. 아래 문장을 큰 소리로 따라 읽어 보세요.

긍정문 당한 동작의 결과를 나타내기 때문에, 동사 뒤에 了 또는 결과를 나타내는 말을 붙여요.

我	被	女朋友	甩	了。	나 여자 친구한테 차였어.
Wǒ	bèi	nǚ péngyou	shuǎi	le.	
나는	~에 의해 ~당하다	여자 친구	차 버리다	~했다	

부정문 被 앞에 没(有)를 붙이면 부정문이 돼요. 이때 了는 붙이지 않아요.

我	没(有)	被	女朋友	甩。	나 여자 친구한테 차이지 않았어.
Wǒ	méi(yǒu)	bèi	nǚ péngyou	shuǎi.	
나는	~안 했다	~에 의해 ~당하다	여자 친구	차 버리다	

의문문 문장 맨 끝에 吗?를 붙이면 의문문이 돼요.

你	被	女朋友	甩	了	吗?	너 여자 친구한테 차였어?
Nǐ	bèi	nǚ péngyou	shuǎi	le	ma?	
너는	~에 의해 ~당하다	여자 친구	차 버리다	~했다	~니?	

你	被	谁	甩	了?	너 누구한테 차였어?
Nǐ	bèi	shéi	shuǎi	le?	
너는	~에 의해 ~당하다	누구	차 버리다	~했다	

A 자리에 의문사 谁(shéi, 누구)를 넣어 물으면 행위자가 누구인지를 물을 수 있어요.

 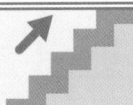 패턴으로 회화 **레벨업!**

 대화 속 문장을 중국어로 직접 말해 보세요!

1

 들키면 어떡하지?

그때 가서 다시 생각하자. **到时候再想吧。**
Dào shíhou zài xiǎng ba.

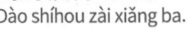 到时候 dào shíhou 그때가 돼서

2

 이번 일, 범인 잡혔어? **这次的事,**
Zhè cì de shì,

这次 zhè cì 이번

아직 모르겠어. **还不知道。**
Hái bù zhīdào.

3

 왜 그래? 누구한테 맞았어? **怎么了?**
Zěnme le?

나 괴롭힘당한 거 아니야.
오해하지 마. **不要误会。**
Búyào wùhuì.

误会 wùhuì 동 오해하다

1
 被发现怎么办?
Bèi fāxiàn zěnme bàn?

 到时候再想吧。
Dào shíhou zài xiǎng ba.

2
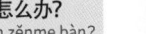 这次的事, 犯人被抓了吗?
Zhè cì de shì, fànrén bèi zhuāle ma?

 还不知道。
Hái bù zhīdào.

3
 怎么了? 你被谁打了?
Zěnme le? Nǐ bèi shéi dǎ le?

 我没有被欺负。
Wǒ méiyǒu bèi qīfu.

不要误会。
Búyào wùhuì.

4

너 쟤한테 끌리는구나? 🎤

아이고! 너 때문에 놀랐잖아! 🎤 **哎呀!**
Āiya!

뭘 놀래? 너 계속 쟤 보고 있지? 🎤 **吓什么呀? 你一直在看她吧?**
Xià shénme ya? Nǐ yìzhí zài kàn tā ba?

一直 yìzhí 图 계속, 줄곧

5 영화 <喜欢你(그래도 좋아해)> 중, 직원에게 호통치며 해고를 통보하는 루진

루진 당신은 이미 해고됐어요. 🎤

죄송합니다. 🎤 **对不起。** 직원
Duìbuqǐ.

4

你被她吸引了吧?
Nǐ bèi tā xīyǐnle ba?

哎呀! 被你吓了一跳!
Āiya! Bèi nǐ xiàle yí tiào!

吓什么呀? 你一直在看她吧?
Xià shénme ya? Nǐ yìzhí zài kàn tā ba?

5

루진 你已经被解雇了。
Nǐ yǐjing bèi jiěgù le.

직원 对不起。
Duìbuqǐ.

"걔가 나한테 시계 선물해줬어."

"A에게 B를 선물하다/주다"를 "送 A B"로,
"A로 보내다"를 "送到 A"로 말해 보아요!

"送 A B"와 "送到 A"를 사용한 활용도 갑! 문장을 따라 읽어 보아요. 처음 두 번은 천천히, 마지막은 빠르게 읽어 보세요!

걔가 나한테 시계 선물해줬어.

她送了我一块手表。
Tā sòngle wǒ yí kuài shǒubiǎo.

너 걔한테 무슨 선물 줄 거야?

你要送他什么礼物?
Nǐ yào sòng tā shénme lǐwù?

내가 너한테 집 한 채 줄게.

我送你一套房子。
Wǒ sòng nǐ yí tào fángzi.

나 걔한테 편지 한 통 보낼 거야.
(나 걔한테 편지 한 통 줘야겠어.)

我要送他一封信。
Wǒ yào sòng tā yì fēng xìn.

지금 원 플러스 원입니다.
(지금 하나 사면 하나를 덤으로 드립니다.)

现在买一送一。
Xiànzài mǎi yī sòng yī.

나 우리 애 미국으로
유학 보내고 싶어.

我想把孩子送到美国读书。
Wǒ xiǎng bǎ háizi sòngdào Měiguó dúshū.

제가 당신 회사로 서류를 보낼게요.

我把文件送到你们公司吧。
Wǒ bǎ wénjiàn sòngdào nǐmen gōngsī ba.

우리 집까지 배달해줄 수 있나요?

可以送到我家吗?
Kěyǐ sòngdào wǒ jiā ma?

块 kuài 양 개(조각이나 덩어리 형태로 된 물건을 세는 단위)   手表 shǒubiǎo 명 손목시계   礼物 lǐwù 명 선물

套 tào 양 채(집을 세는 단위)   房子 fángzi 명 집   封 fēng 양 통, 봉투(봉한 물건을 세는 데 쓰임)   信 xìn 명 편지

想 xiǎng 조동 ~하고 싶다   送到 sòngdào ~으로 보내다   美国 Měiguó 고유 미국

读书 dúshū 통 공부하다, 학교에 다니다   文件 wénjiàn 명 서류   公司 gōngsī 명 회사

패턴 파헤치기

送AB / 送到A
sòng · sòngdào

送 A B는 'A에게 B를 선물하다 / 주다'라는 의미의 패턴이에요. A에 받는 대상을, B에 주는 것을 넣어 말하면 돼요. 送到 A는 'A로 보내다'라는 의미로, A에 도달 장소를 넣어 말해요.

 오늘의 패턴을 예문으로 익혀 봅니다.
아래 문장을 큰 소리로 따라 읽어 보세요.

送 A B 이때 送은 '선물하다 / 주다'라는 동사이고, 대가 없이 주는 것을 나타내요.

她	送	了	我	一块	手表。	걔가 나한테
Tā	sòng	le	wǒ	yí kuài	shǒubiǎo.	시계 선물해줬어.
그녀는	선물하다/ 주다	~했다	나에게	한 개	손목 시계를	

我	要	送	她	礼物。	나 걔한테 선물 줄 거야.
Wǒ	yào	sòng	tā	lǐwù.	
나는	~할 것이다	선물하다/ 주다	그녀에게	선물을	

送到 A 送到 앞에 보내는 대상을 '把+보내는 것'의 형태로 써줘요.
보내는 것을 말하지 않아도 아는 경우에는 '把+보내는 것'을 생략할 수 있어요.

我	想	把孩子	送到	美国	读书。	나 우리 애 미국으로
Wǒ	xiǎng	bǎ háizi	sòngdào	Měiguó	dúshū.	유학 보내고 싶어.
나는	~하고 싶다	아이를	~로 보내다	미국	공부하다	

可以	送到	我家	吗?	우리 집까지 배달해줄 수 있나요?
Kěyǐ	sòngdào	wǒ jiā	ma?	
~할 수 있다	~로 보내다	우리 집	~니?	

送의 또 다른 의미 "배웅하다, 데려다주다"
送은 '배웅하다, 데려다주다'라는 동사로도 사용돼요. '배웅하다, 데려다주다'라는 의미로 바로 쓸 수 있는 문장들을 알아볼까요?
'배웅하다'라는 동사일 때> 慢走, 不送! = 조심히 가, 안 나간다! (천천히 가, 배웅은 안 할게!)
'데려다주다'라는 동사일 때> 我开车送你吧。= 내가 차로 데려다줄게. (내가 운전해서 데려다줄게.)

패턴으로 회화 레벨업!

 대화 속 문장을 중국어로 직접 말해 보세요!

1

 나 우리 애 미국으로 유학 보내고 싶어.

좋은 생각이야. 好主意。
Hǎo zhǔyi.

主意 zhǔyi 명 생각, 아이디어

2

서류 보내주실 수 있나요? 您可以送文件吗?
Nín kěyǐ sòng wénjiàn ma?

네. 제가 당신 회사로 서류를 보낼게요. 可以。
Kěyǐ.

3

너 걔한테 무슨 선물 줄 거야?

나 걔한테 편지 한 통 보낼 거야. 선물 살 돈이 없어. 我没有钱买礼物。
Wǒ méiyǒu qián mǎi lǐwù.

1
我想把孩子送到
Wǒ xiǎng bǎ háizi sòngdào
美国读书。
Měiguó dúshū.

好主意。
Hǎo zhǔyi.

2
您可以送文件吗?
Nín kěyǐ sòng wénjiàn ma?

可以。
Kěyǐ.

我把文件送到你们公司吧。
Wǒ bǎ wénjiàn sòngdào nǐmen gōngsī ba.

3
你要送他什么礼物?
Nǐ yào sòng tā shénme lǐwù?

我要送他一封信。
Wǒ yào sòng tā yì fēng xìn.

我没有钱买礼物。
Wǒ méiyǒu qián mǎi lǐwù.

4

자자자~지금 원 플러스 원입니다. 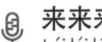 来来来~
Lái lái lái ~

저 이거 살래요. 우리 집까지 배달해줄 수 있나요? 我要买这个。
Wǒ yào mǎi zhège.

 당연하죠. 当然可以。
Dāngrán kěyǐ.

5 영화 <后来的我们(먼 훗날 우리)> 중, 반드시 성공해서 샤오샤오에게도 집을 한 채 마련해 주겠다고 말하는 지엔칭

지엔칭 나 집 여덟 채 살 거야. 내가 너한테 집 한 채 줄게. 我要买八套房子。
Wǒ yào mǎi bā tào fángzi.

그렇게나 많이 사? 买那么多？
Mǎi nàme duō?

샤오샤오

那么 nàme 부 그렇게나, 그렇게

4

 来来来~ 现在买一送一。
Lái lái lái ~ xiànzài mǎi yī sòng yī.

 我要买这个。 可以送到我家吗？
Wǒ yào mǎi zhège. Kěyǐ sòngdào wǒ jiā ma?

 当然可以。
Dāngrán kěyǐ.

5

 지엔칭 我要买八套房子。 我送你一套房子。
Wǒ yào mǎi bā tào fángzi. Wǒ sòng nǐ yí tào fángzi.

 샤오샤오 买那么多？
Mǎi nàme duō?

패턴으로 **술술 말해보기!** ③

지금까지 배웠던 패턴과 문장을 활용하여, 아래의 일상 회화를 한글만 보고
중국어로 말해 보세요! 다 말해 본 후에는 오른쪽에서 제대로 말했는지
확인해보고, 큰 소리로 따라 말해 보세요.

🎧 패턴술술 3

1

너 걔한테 무슨 선물 줄 거야?

Day 33

나 걔한테 이거 줄 거야.

Day 31

이거 뭔데?

목도리야.

💡 围巾 wéijīn 몡 목도리

2

안녕하세요.
제가 어제 사장님께 전화 드렸는데요.

Day 28, 9

아, 오셨군요.
사장님이랑 얘기 좀 하고 싶으신 거, 맞죠?

Day 8, 25

네.

저 따라오세요.

Day 24

你要送他什么礼物?
Nǐ yào sòng tā shénme lǐwù?

我要把这个给他。
Wǒ yào bǎ zhège gěi tā.

这是什么?
Zhè shì shénme?

围巾。
Wéijīn.

你好。
Nǐ hǎo.
我昨天给老板打电话了。
Wǒ zuótiān gěi lǎobǎn dǎ diànhuà le.

哦, 你来了。
Ò, nǐ lái le.
你想跟他聊聊, 是吧?
Nǐ xiǎng gēn tā liáoliao, shì ba?

是的。
Shì de.

请跟我来。
Qǐng gēn wǒ lái.

3

나 여자 친구한테 차였어…정말 괴로워.

💡 难受 nánshòu 형 괴롭다   Day 32

개가 나보다 예뻐?

Day 30

음…왜?

Day 15

사실, 나 너한테 관심 있어.
너 좋아해.

Day 26

뭐?
너…너…나보고 어떡하라는 거야?

Day 29

나한테 기회를 줘. 우리 사귀자.

💡 谈恋爱 tán liàn'ài 사귀다, 연애하다   Day 28

我被女朋友甩了⋯很难受。
Wǒ bèi nǚ péngyou shuǎi le⋯hěn nánshòu.

她比我漂亮吗?
Tā bǐ wǒ piàoliang ma?

嗯⋯怎么了?
Èng⋯zěnme le?

其实, 我对你有意思。
Qíshí, wǒ duì nǐ yǒu yìsi.

我喜欢你。
Wǒ xǐhuan nǐ.

什么?
Shénme?

你⋯你⋯你让我怎么办?
Nǐ⋯Nǐ⋯Nǐ ràng wǒ zěnme bàn?

给我机会吧。咱们谈恋爱吧。
Gěi wǒ jīhuì ba. Zánmen tán liàn'ài ba.

패턴술술 3

해커스 중국어회화 10분의 기적 패턴으로 말하기

china.Hackers.com

맛깔나고 길게 말하는 패턴

"나 돈 없어." 보다 "나 돈 한 푼도 없어."가 더 와닿지 않나요? 이렇듯 같은 말이지만 더 맛깔나고 길게 말할 수 있는 중국어 패턴이 있답니다. 이제는 이 패턴들을 활용하여, 하고 싶은 말을 더 구체적이고 생동감 넘치게 말해 보아요!

"걔 다음 달에 결혼한대."

"듣자 하니 ~라고 하다, ~라고 듣다"를
"听说~"로 말해 보아요!

"听说~"를 사용한 활용도 갑! 문장을 따라 읽어 보아요! 처음 두 번은 천천히, 마지막은 빠르게 읽어 보세요!

 (듣자 하니) 걔 다음 달에 결혼한대.
听说他下个月结婚。
Tīngshuō tā xià ge yuè jiéhūn.

 (듣자 하니) 쟤가 너 좋아한대.
听说她喜欢你。
Tīngshuō tā xǐhuan nǐ.

 나 전에 너에 대해 들은 적 있어.
我以前听说过你。
Wǒ yǐqián tīngshuōguo nǐ.

 나도 들었어.
我也听说过。
Wǒ yě tīngshuōguo.

 다른 건 들은 바가 없어.
(다른 건 듣지 못 했어.)
别的我没有听说。
Biéde wǒ méiyǒu tīngshuō.

 난 왜 못 들었지?
我怎么没听说？
Wǒ zěnme méi tīngshuō?

 너 (그거) 들었어?
你听说过吗？
Nǐ tīngshuōguo ma?

 너 걔가 내일 출국한다는 거 들었어?
(너 걔가 내일 출국한다는 거 들었어 못 들었어?)
你有没有听说她明天出国？
Nǐ yǒu méiyǒu tīngshuō tā míngtiān chūguó?

下个月 xià ge yuè 다음 달   结婚 jiéhūn 통 결혼하다   以前 yǐqián 명 이전   别的 biéde 대 다른 것
怎么 zěnme 대 왜, 어떻게   出国 chūguó 통 출국하다

  **패턴 파헤치기**

听说~
tīngshuō

'듣자 하니 ~라고 하다, ~라고 듣다'라는 의미로, 다른 사람에게 들은 얘기나 소문을 말하고 싶을 때 쓸 수 있는 패턴이에요. 听说 뒤에 들은 내용을 붙여 말하면 된답니다.

 오늘의 패턴을 긍정문, 부정문, 의문문의 기본 문형으로 익혀 봅니다.
아래 문장을 큰 소리로 따라 읽어 보세요.

긍정문 주어가 '我(나)'인 경우에는 생략하고, 听说가 문장 맨 앞으로 와요.

听说	他	下个月	结婚。
Tīngshuō	tā	xià ge yuè	jiéhūn.
듣자 하니 ~라고 한다	그가	다음 달에	결혼하다

(듣자 하니) 걔 다음 달에 결혼한대.

부정문 听说 앞에 没(有)를 붙이면 부정문이 돼요.

我	没(有)	听说	他	下个月	结婚。
Wǒ	méi(yǒu)	tīngshuō	tā	xià ge yuè	jiéhūn.
나는	~하지 않았다	~라고 듣다	그가	다음 달에	결혼하다

난 걔가 다음 달에 결혼한다는 거 못 들었어.

의문문 들은 내용을 먼저 말한 후 听说过吗?를 붙이면 의문문이 돼요. 听说 앞에 有没有를 붙이면 정반의문문이 된답니다.

他	下个月	结婚,	你	听说	过	吗?
Tā	xià ge yuè	jiéhūn,	nǐ	tīngshuō	guo	ma?
그가	다음 달에	결혼하다	너는	~라고 듣다	~한 적 있다	~니?

걔 다음 달에 결혼한대, 너 들었어?

你	有没有	听说	他	下个月	结婚?
Nǐ	yǒu méiyǒu	tīngshuō	tā	xià ge yuè	jiéhūn?
너는	~했니 안 했니?	~라고 듣다	그가	다음 달에	결혼하다

걔 다음 달에 결혼한다는 거, 너 들었어 못 들었어?

패턴으로 회화 레벨업!

 대화 속 문장을 중국어로 직접 말해 보세요!

1

 쟤가 너 좋아한대.

누가 그래? 谁说的?
Shéi shuō de?

2

 다른 소식은 없어? 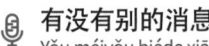 有没有别的消息?
Yǒu méiyǒu biéde xiāoxi?

消息 xiāoxi 명 소식

다른 건 들은 바가 없어.

3

 너 쟤가 내일 출국한다는 거 들었어?

응, 나도 들었어. 嗯,
Èng,

---

 1 听说她喜欢你。
Tīngshuō tā xǐhuan nǐ.

 谁说的?
Shéi shuō de?

 2 有没有别的消息?
Yǒu méiyǒu biéde xiāoxi?

 别的我没有听说。
Biéde wǒ méiyǒu tīngshuō.

 3 你有没有听说她明天出国?
Nǐ yǒu méiyǒu tīngshuō tā míngtiān chūguó?

 嗯, 我也听说过。
Èng, wǒ yě tīngshuō guo.

4

너 그거 들었어?
걔 다음 달에 결혼해!

他下个月结婚!
Tā xià ge yuè jiéhūn!

진짜? 난 왜 못 들었지? 真的?
Zhēn de?

걔가 너한테 말 안 해줬구나! 他没有告诉你啊!
Tā méiyǒu gàosu nǐ a!

告诉 gàosu 图 말해 주다, 알려 주다

5 영화 <不能说的秘密(말할 수 없는 비밀)> 중, 시앙룬과 처음 인사하면서 시앙룬에 대해 들은 적 있다고 말하는 칭이

칭이

나 전에 너에 대해 들은 적 있어.

진짜? 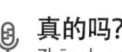 真的吗?
Zhēn de ma?

시앙룬

4

 你听说过吗? 他下个月结婚!
Nǐ tīngshuōguo ma? Tā xià ge yuè jiéhūn!

 真的? 我怎么没听说?
Zhēn de? Wǒ zěnme méi tīngshuō?

 他没有告诉你啊!
Tā méiyǒu gàosu nǐ a!

5

칭이 我以前听说过你。
Wǒ yǐqián tīngshuōguo nǐ.

시앙룬 真的吗?
Zhēn de ma?

"걔 웃을 때, 진짜 예뻐."

~할 때, ~했을 때"를 "~的时候"로 말해 보아요!

"~的时候"를 사용한 활용도 갑! 문장을 따라 읽어 보아요! 처음 두 번은 천천히, 마지막은 빠르게 읽어 보세요!

 걔 웃을 때, 진짜 예뻐.

她笑的时候，真漂亮。
Tā xiào de shíhou, zhēn piàoliang.

 면접 볼 때, 뭘 주의해야 해?

面试的时候，要注意什么?
Miànshì de shíhou, yào zhùyì shénme?

 말할 때, 자신감이 있어야지.

说话的时候，要有自信。
Shuōhuà de shíhou, yào yǒu zìxìn.

 우리가 처음 만났을 때, 비가 왔어요.

我们第一次见的时候，下雨了。
Wǒmen dìyī cì jiàn de shíhou, xiàyǔ le.

 나 어렸을 때, 선생님이 되고 싶었어.

我小的时候，想当老师。
Wǒ xiǎo de shíhou, xiǎng dāng lǎoshī.

 내가 일어났을 때는, 하늘이 맑았어.

我起床的时候，天是晴的。
Wǒ qǐchuáng de shíhou, tiān shì qíng de.

 올 때, 우산 챙겨.

你来的时候，带雨伞吧。
Nǐ lái de shíhou, dài yǔsǎn ba.

 설에, 고향에 갈 거야?

过年的时候，要回老家吗?
Guònián de shíhou, yào huí lǎojiā ma?

笑 xiào 동 웃다   真 zhēn 부 진짜, 정말   面试 miànshì 동 면접 보다   注意 zhùyì 동 주의하다
有自信 yǒu zìxìn 자신감이 있다   当 dāng 동 ~가 되다   老师 lǎoshī 명 선생님   天 tiān 명 하늘
晴 qíng 형 (날씨가) 맑다   带 dài 동 챙기다, 지니다   雨伞 yǔsǎn 명 우산   过年 guònián 동 설을 쇠다
回 huí 동 돌아가다, 돌아오다   老家 lǎojiā 명 고향

패턴 파헤치기

~的时候
de shíhou

'~할 때, ~했을 때'라는 의미로, 언제든 일어날 수 있는 특정 상황이나, 과거 또는 미래의 사건에 대해 이야기 할 때 쓸 수 있는 패턴이에요. 상황이나 사건을 나타내는 표현 뒤에 **的时候**를 붙여 말하면 된답니다.

 오늘의 패턴을 상황별 예문으로 익혀 봅니다.
아래 문장을 큰 소리로 따라 읽어 보세요.

특정 상황에 대해 이야기할 때
언제든 일어날 수 있는 특정 상황에 대해 이야기할 때는 '~할 때'라는 뜻이 돼요.

她	笑	的时候,	真	漂亮。
Tā	xiào	de shíhou,	zhēn	piàoliang.
그녀는	웃다	~할 때	정말	예쁘다

개 웃을 때, 진짜 예뻐.

과거의 일을 이야기할 때
지난 일을 이야기할 때는 '~했을 때'라는 뜻이 돼요.

我	小	的时候,	想	当	老师。
Wǒ	xiǎo	de shíhou,	xiǎng	dāng	lǎoshī.
나는	어리다	~했을 때	~하고 싶다	~가 되다	선생님

나 어렸을 때, 선생님이 되고 싶었어.

발생할 일을 이야기 할 때
앞으로 발생할 일을 이야기할 때는 '~할 때'라는 뜻이 돼요.

你	来	的时候,	带	雨伞	吧。
Nǐ	lái	de shíhou,	dài	yǔsǎn	ba.
너는	오다	~할 때	챙기다	우산을	~해라

너 올 때, 우산 챙겨.

패턴으로 회화 레벨업!

 대화 속 문장을 중국어로 직접 말해 보세요!

1

 설에, 고향에 갈 거야?

아직 모르겠어. 还不知道。
Hái bù zhīdào.

2

네 어릴 적 꿈은 뭐였어? 你小时候的梦想是什么?
Nǐ xiǎo shíhou de mèngxiǎng shì shénme?

梦想 mèngxiǎng 몡 꿈

나 어렸을 땐, 선생님이 되고 싶었어.

3

 면접 볼 때, 뭘 주의해야 해?

말할 때, 자신감이 있어야지.

1
过年的时候,
Guònián de shíhou,
要回老家吗?
yào huí lǎojiā ma?

还不知道。
Hái bù zhīdào.

2
你小时候的梦想是什么?
Nǐ xiǎo shíhou de mèngxiǎng shì
shénme?

 我小的时候, 想当老师。
Wǒ xiǎo de shíhou, xiǎng dāng lǎoshī.

3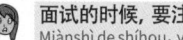
面试的时候, 要注意什么?
Miànshì de shíhou, yào zhùyì shénme?

 说话的时候, 要有自信。
Shuōhuà de shíhou, yào yǒu zìxìn.

4

올 때, 우산 챙겨.

잉? 내가 일어났을 때는 맑았는데. 哎?
Yí?

지금 밖에 비 많이 와. 现在外面下大雨呢。
Xiànzài wàimiàn xià dà yǔ ne.

外面 wàimiàn 몡 바깥　下大雨 xià dà yǔ 비가 많이 내리다

5

영화 <北京遇上西雅图(시절인연)> 중, 둘이 처음 만났을 때를 회상하는 쟈쟈와 프랭크

프랭크
우리가 처음 만났을 때, 비가 왔어요.

여전히 기억하시네요.  你还记得呀。
Nǐ hái jìde ya. 쟈쟈

记得 jìde 동 기억하고 있다

4

你来的时候, 带雨伞吧。
Nǐ lái de shíhou, dài yǔsǎn ba.

哎? 我起床的时候, 天是晴的。
Yí?　Wǒ qǐchuáng de shíhou, tiān shì qíng de.

现在外面下大雨呢。
Xiànzài wàimiàn xià dà yǔ ne.

5

프랭크
我们第一次见的时候, 下雨了。
Wǒmen dìyī cì jiàn de shíhou, xiàyǔ le.

자자
你还记得呀。
Nǐ hái jìde ya.

"나 돈 한 푼도 없어."

"A조차/도 B하다"를
"连 A 都/也 B"로 말해 보아요!

"连 A 都/也 B"를 사용한 활용도 갑! 문장을 따라 읽어 보아요! 처음 두 번은 천천히, 마지막은 빠르게 읽어 보세요!

나 돈이 한 푼도 없어.	我连一分钱都没有。	Wǒ lián yì fēn qián dōu méiyǒu.

고백할 용기도 없어?
(고백하는 것조차 용기가 없어?)

连表白都不敢?
Lián biǎobái dōu bùgǎn?

나 걔한테 조금의 마음도 없어.

我对她连一点感情也没有。
Wǒ duì tā lián yìdiǎn gǎnqíng yě méiyǒu.

난 엄청 쉬운 운동도 못 하는 걸.

我连非常简单的运动也不会呢。
Wǒ lián fēicháng jiǎndān de yùndòng yě bú huì ne.

창피할 거 하나도 없는데.
(조금도 창피하지 않아.)

一点都不丢脸啊。
Yìdiǎn dōu bù diūliǎn a.

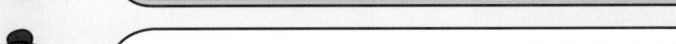

내 생일조차 잊은 거야?

我的生日都忘了吗?
Wǒ de shēngrì dōu wàngle ma?

이렇게 큰일도 나한테
말 안 한 거야?

这么大的事也没告诉我呀?
Zhème dà de shì yě méi gàosu wǒ ya?

나도 할 줄 아는데,
네가 왜 못해?

我也会, 你怎么不会呢?
Wǒ yě huì, nǐ zěnme bú huì ne?

一分 yì fēn 준 한 푼, 약간   钱 qián 명 돈   表白 biǎobái 통 고백하다   敢 gǎn 조동 ~할 용기가 있다

感情 gǎnqíng 명 마음, 감정   非常 fēicháng 부 엄청, 매우   简单 jiǎndān 형 쉬운, 간단한   运动 yùndòng 명 운동

会 huì 조동 할 줄 알다   丢脸 diūliǎn 통 창피하다, 체면을 구기다   生日 shēngrì 명 생일   大 dà 형 크다   事 shì 명 일

告诉 gàosu 통 말해주다, 알려주다

连A都/也B
lián　dōu　yě

'A조차/도 B하다'라는 의미로, 극단의 경우를 이야기함으로써 생각을 강하게 말하고 싶을 때 쓸 수 있는 패턴이에요. A에 강조하고 싶은 대상을, B에 그 대상이 어떻다는 내용을 넣어 말하면 돼요. 连 없이 都나 也만 써서 말해도 된답니다.

 오늘의 패턴을 여러 가지 문장 형태로 익혀 봅니다.
아래 문장을 큰 소리로 따라 읽어 보세요.

连 A 都 B 형태

我	连	一分	钱	都	没有。	나는 돈이 한 푼도 없어.
Wǒ	lián	yì fēn	qián	dōu	méiyǒu.	
나는	~조차	한 푼의	돈	~도	없다	

连 A 也 B 형태

我	连	一分	钱	也	没有。	나는 돈이 한 푼도 없어
Wǒ	lián	yì fēn	qián	yě	méiyǒu.	
나는	~조차	한 푼의	돈	~도	없다	

A 都 B 형태

我	一分	钱	都	没有。	나는 돈이 한 푼도 없어.
Wǒ	yì fēn	qián	dōu	méiyǒu.	
나는	한 푼의	돈	~도	없다	

A 也 B 형태

我	一分	钱	也	没有。	나는 돈이 한 푼도 없어.
Wǒ	yì fēn	qián	yě	méiyǒu.	
나는	한 푼의	돈	~도	없다	

해커스 중국어회화 10분의 기적 패턴으로 말하기

패턴으로 회화 레벨업!

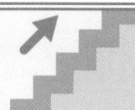

1

 너 생일 몇 월 며칠이야?　 **你的生日几月几号?**
Nǐ de shēngrì jǐ yuè jǐ hào?

几 jǐ 囝 몇

내 생일조차 잊은 거야?　

2

이렇게 큰일도 나한테 말 안 한 거야?

미안, 너한테 말하는 거 깜빡했어.　 **对不起, 我忘了告诉你。**
Duìbuqǐ, wǒ wàngle gàosu nǐ.

3

 너 분명히 걔 좋아하면서,
고백할 용기도 없어?　**你明明喜欢他,**
Nǐ míngmíng xǐhuan tā,

明明 míngmíng 囝 분명히, 명백히

무슨 소리야! 나 걔한테
조금의 마음도 없어.　**说什么呢!**
Shuō shénme ne!　

---

1 **你的生日几月几号?**
Nǐ de shēngrì jǐ yuè jǐ hào?

 我的生日都忘了吗?
Wǒ de shēngrì dōu wàngle ma?

2 **这么大的事也没告诉**
Zhème dà de shì yě méi gàosu

我呀?
wǒ ya?

对不起, 我忘了告诉你。
Duìbuqǐ, wǒ wàngle gàosu nǐ.

3 **你明明喜欢他,** **连表白都不敢?**
Nǐ míngmíng xǐhuan tā, lián biǎobái dōu bùgǎn?

 说什么呢!
Shuō shénme ne!

 我对他连一点感情也没有。
Wǒ duì tā lián yìdiǎn gǎnqíng yě méiyǒu.

4

 우리 같이 쿵후 배우자!

 咱们一起学功夫吧!
Zánmen yìqǐ xué gōngfu ba!

功夫 gōngfu 몡 쿵후, 무술

안 돼. 나 엄청 쉬운 운동도 못 하는 걸.

 不行。
Bùxíng.

不行 bùxíng 图 안 돼, 할 수 없다

 사실 쿵후는 그렇게 어렵지 않아. 나도 할 줄 아는데, 네가 왜 못해?

 其实功夫不太难。
Qíshí gōngfu bú tài nán.

其实 qíshí 图 사실 不太~ bú tài 그렇게 ~하지 않다 难 nán 图 어렵다

 5 영화 <那些年, 我们一起追的女孩儿(그 시절, 우리가 좋아했던 소녀)> 중, 교관에게 대든 후, 복도에서 함께 벌서면서 창피해하는 션쟈이와 멋있었다고 칭찬해 주는 커징텅

션쟈이 나 너무 창피해. 我觉得很丢脸。
Wǒ juéde hěn diūliǎn.

창피할 거 하나도 없는데. 커징텅

4

 咱们一起学功夫吧!
Zánmen yìqǐ xué gōngfu ba!

 不行。我连非常简单的运动也不会呢。
Bùxíng. Wǒ lián fēicháng jiǎndān de yùndòng yě bú huì ne.

其实功夫不太难。 我也会, 你怎么不会呢?
Qíshí gōngfu bú tài nán. Wǒ yě huì, nǐ zěnme bú huì ne?

5

 선쟈이 我觉得很丢脸。
Wǒ juéde hěn diūliǎn.

 커징텅 一点都不丢脸啊。
Yìdiǎn dōu bù diūliǎn a.

해커스 중국어회화 10분의 기적 패턴으로 말하기 DAY 36

"나 베이징 덕 한 번도 먹어 본 적 없어."

"(지금까지) 한 번도 ~한 적 없다"를 "从来没~过"로,
"줄곧 ~하지 않다"를 "从来不~"로 말해 보아요!

"从来没~过, 从来不~"를 사용한 활용도 갑! 문장을 따라 읽어 보아요! 처음 두 번은 천천히, 마지막은 빠르게 읽어 보세요!

나는 베이징 덕 한 번도 먹어 본 적 없어.

我从来没吃过北京烤鸭。
Wǒ cónglái méi chīguo Běijīng kǎoyā.

넌 한 번도 날 이해한 적이 없어.

你从来没懂过我。
Nǐ cónglái méi dǒngguo wǒ.

당신이 이렇게 기뻐하는 모습을 한 번도 본 적 없어요.

我从来没看过你这么高兴的样子。
Wǒ cónglái méi kànguo nǐ zhème gāoxìng de yàngzi.

한 번도 이렇게 아름다운 곳에 와 본 적이 없어요.

我从来没来过这么美丽的地方。
Wǒ cónglái méi láiguo zhème měilì de dìfang.

넌 계속 사실을 말하지 않잖아.

你从来不说实话呀。
Nǐ cónglái bù shuō shíhuà ya.

걘 항상 다른 사람의 기분을 고려하지 않아.

他从来不考虑别人的感受。
Tā cónglái bù kǎolǜ biérén de gǎnshòu.

너 어째서 늘 나를 못 믿니? (너 왜 계속 나를 안 믿어?)

你怎么从来不信我?
Nǐ zěnme cónglái bú xìn wǒ?

걘는 나한테 항상 인사를 안 해.

他从来不跟我打招呼。
Tā cónglái bù gēn wǒ dǎ zhāohu.

北京 Běijīng 고유 베이징   烤鸭 kǎoyā 명 오리구이   北京烤鸭 Běijīng kǎoyā 명 베이징 덕(북경 오리)

懂 dǒng 통 이해하다   高兴 gāoxìng 형 기쁘다   样子 yàngzi 명 모습, 모양   美丽 měilì 형 아름답다

地方 dìfang 명 곳, 장소   实话 shíhuà 명 사실, 진실한 말   考虑 kǎolǜ 통 고려하다   感受 gǎnshòu 명 기분, 느낌

信 xìn 통 믿다   打招呼 dǎ zhāohu 인사하다

패턴 파헤치기

从来没~过 /
cónglái méi   guo

从来不~
cónglái bù

从来没~过는 '(지금까지) 한 번도 ~한 적 없다', 从来不~는 '줄곧 ~하지 않다'라는 의미로, 어떤 일을 하지 않았음을 특별히 강조하고 싶을 때 쓸 수 있는 패턴이에요. 从来没와 从来不 뒤에 동사만 붙여 말하면 된답니다.

 오늘의 패턴을 예문으로 익혀 봅니다.
아래 문장을 큰 소리로 따라 읽어 보세요.

从来没~过 과거 일정 기간 동안 한 번도 하지 않은 일을 나타내요.

我	从来没吃过	北京烤鸭。	나는 베이징 덕을 한 번도
Wǒ	cónglái méi chīguo	Běijīng kǎoyā.	먹어 본 적 없어.
나는	한 번도 먹어 본 적이 없다	베이징 덕을 (북경 오리를)	

你	从来没懂过	我。	넌 한 번도 날 이해한 적이 없어.
Nǐ	cónglái méi dǒngguo	wǒ.	
너는	한 번도 이해한 적이 없다	나를	

从来不~ 가까운 과거에 줄곧 하지 않았고, 앞으로도 하지 않을 일을 나타내요.

我	从来不吃	北京烤鸭。	나는 베이징 덕을 안 먹어.
Wǒ	cónglái bù chī	Běijīng kǎoyā.	(나는 줄곧 베이징 덕을 먹지 않아.)
나는	줄곧 먹지 않는다	베이징 덕을 (북경 오리를)	

你	从来不说	实话。	넌 계속 사실을 말하지 않아.
Nǐ	cónglái bù shuō	shíhuà.	
너는	줄곧 말하지 않는다	사실을	

패턴으로 회화 레벨업!

 대화 속 문장을 중국어로 직접 말해 보세요!

1

 다들 왜 걔를 안 좋아해? 大家为什么不喜欢他?
Dàjiā wèishénme bù xǐhuan tā?

갠 항상 다른 사람의 기분을 고려하지 않아.

2

 걔 너한테 인사 안 해? 他不跟你打招呼吗?
Tā bù gēn nǐ dǎ zhāohu ma?

걔는 나한테 항상 인사 안 해.

3

 너 어째서 늘 나를 못 믿니?

넌 계속 사실을 말하지 않잖아.

---

 1 大家为什么不喜欢他?
Dàjiā wèishénme bù xǐhuan tā?

他从来不考虑别人的感受。
Tā cónglái bù kǎolǜ biérén de gǎnshòu.

 2 他不跟你打招呼吗?
Tā bù gēn nǐ dǎ zhāohu ma?

他从来不跟我打招呼。
Tā cónglái bù gēn wǒ dǎ zhāohu.

 3 你怎么从来不信我?
Nǐ zěnme cónglái bú xìn wǒ?

你从来不说实话呀。
Nǐ cónglái bù shuō shíhuà ya.

4

여기 진짜 아름답다!
저 지금 너무 행복해요!

 这里太美了! 我现在太幸福了!
Zhèii tài měi le! Wǒ xiànzài tài xìngfú le!

美 měi 형 아름답다   幸福 xìngfú 형 행복하다

당신이 이렇게 기뻐하는 모습을
한 번도 본 적 없어요.

그래요? 전 한 번도 이렇게 아름다운
곳에 와 본 적이 없는걸요.

 是吗?
Shì ma?

5 영화 <后来的我们(먼 훗날 우리)> 중, 샤오샤오를 이해할 수 없어 답답한 지엔칭

지엔칭   나 정말 널 이해 못 하겠다.

我真不懂你。
Wǒ zhēn bù dǒng nǐ.

넌 한 번도 날 이해한 적이 없어.

샤오
샤오

4

 这里太美了! 我现在太幸福了!
Zhèii tài měi le! Wǒ xiànzài tài xìngfú le!

 我从来没看过你这么高兴的样子。
Wǒ cónglái méi kànguo nǐ zhème gāoxìng de yàngzi.

 是吗? 我从来没来过这么美丽的地方。
Shì ma? Wǒ cónglái méi láiguo zhème měilì de dìfang.

5

 我真不懂你。
Wǒ zhēn bù dǒng nǐ.

 你从来没懂过我。
Nǐ cónglái méi dǒngguo wǒ.

DAY 38

"너 지금 출발해야 해, 안 그러면 늦을 거야."

"안 그러면 ~하다"를
"不然/要不然~"으로 말해 보아요!

🗣️ "不然/要不然~"을 사용한 활용도 갑! 문장을 따라 읽어 보아요! 처음 두 번은 천천히, 마지막은 빠르게 읽어 보세요!

너 지금 출발해야 해,
안 그러면 늦을 거야.

🎙️ 你现在得出发，不然会迟到。
Nǐ xiànzài děi chūfā, bùrán huì chídào.

좀 두껍게 입어,
안 그러면 감기 걸려.

🎙️ 穿厚一点儿，不然会感冒。
Chuān hòu yìdiǎnr, bùrán huì gǎnmào.

조심해, 안 그러면 넘어진다.

🎙️ 小心，不然会摔倒。
Xiǎoxīn, bùrán huì shuāidǎo.

이제 그만 먹어,
안 그러면 살찔 거야.

🎙️ 别再吃了，不然会变胖的。
Bié zài chī le, bùrán huì biàn pàng de.

서둘러요! 안 그러면
시간 못 맞춰요.

🎙️ 快一点！要不然来不及了。
Kuài yìdiǎn! Yàobùrán láibují le.

집중 좀 해,
안 그러면 놓칠 거야.

🎙️ 专心一点，要不然错过了。
Zhuānxīn yìdiǎn, yàobùrán cuòguò le.

너 나 좀 도와줘,
안 그러면 오늘 다 못해.

🎙️ 你帮帮我，要不然今天做不完。
Nǐ bāngbang wǒ, yàobùrán jīntiān zuò bu wán.

내 말 들어요, 안 그러면
당신 후회할 거예요.

🎙️ 你听我的，要不然你会后悔的。
Nǐ tīng wǒ de, yàobùrán nǐ huì hòuhuǐ de.

出发 chūfā 图 출발하다　厚 hòu 형 두껍다　小心 xiǎoxīn 图 조심하다　摔倒 shuāidǎo 图 넘어지다

变胖 biàn pàng 살찌다　来不及 láibují 图 시간을 못 맞추다, 겨를이 없다　专心 zhuānxīn 형 집중하다, 몰두하다

错过 cuòguò 图 놓치다　做不完 zuò bu wán 다 못하다, 끝까지 하지 못하다

听 tīng 图 듣다(뒤에 사람이 오면 '그 사람 말을 듣다'라는 의미가 됨)　后悔 hòuhuǐ 图 후회하다

패턴 파헤치기

不然 / 要不然~
bùrán / yàobùrán

'안 그러면 ~하다'라는 의미로, 不然/要不然 앞에는 어떤 행동을 권유하는 말을, 뒤에는 권유한 대로 하지 않았을 때 일어날 일을 넣어서 말해요. 不然/要不然 뒤에 안 좋은 상황을 말함으로써 더 설득력 있게 말할 수 있어요.

**오늘의 패턴을 예문을 통해 익혀 봅니다.
아래 문장을 큰 소리로 따라 읽어 보세요.**

不然을 쓸 때

你	得	出发,	不然	会	迟到。
Nǐ	děi	chūfā,	bùrán	huì	chídào.
너는	~해야 한다	출발하다	안 그러면	~할 것이다	늦다

너 출발해야 해,
안 그러면 늦을 거야.

小心,	不然	会	摔倒。
Xiǎoxīn,	bùrán	huì	shuāidǎo.
조심하다	안 그러면	~할 것이다	넘어지다

조심해, 안 그러면 넘어진다.

要不然을 쓸 때

专心	一点,	要不然	错过	了。
Zhuānxīn	yìdiǎn,	yàobùrán	cuòguò	le.
집중하다	좀 ~하다	안 그러면	놓치다	~됐다

집중 좀 해,
안 그러면 놓칠 거야.

你	帮帮	我,	要不然	今天	做不完。
Nǐ	bāngbang	wǒ,	yàobùrán	jīntiān	zuò bu wán.
너	좀 돕다	나를	안 그러면	오늘	다 못 하다

너 나 좀 도와줘,
안 그러면 오늘 다 못해.

帮帮은 동사帮의 중첩 형태로, '좀 돕다'라는 의미예요.
동사를 중첩하여 쓰면 '좀 ~하다'라는 의미가 된답니다.

要不然这样吧! "아니면 이렇게 하자!"
要不然이 문장 끝의 吧와 함께 쓰이면 '아니면 ~하자'라는 의미로, 제안할 때 자주 쓰이는 말이 된답니다. 要不然~吧로 바로 쓸 수 있는 문장들을 알아볼까요?
예> **要不然这样吧!** = 아니면 이렇게 하자!
　　要不然去别的地方吧! = 아니면 다른 데 가자!

패턴으로 회화 레벨업!

 대화 속 문장을 중국어로 직접 말해 보세요!

1

 조심해, 안 그러면 넘어진다.

나 애 아니다.  我不是小孩儿。
Wǒ bú shì xiǎoháir.

小孩儿 xiǎoháir 몡 어린애, 어린이

2

 나 좀 더 먹을 거야. 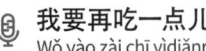 我要再吃一点儿。
Wǒ yào zài chī yìdiǎnr.

이제 그만 먹어, 안 그러면 살찔 거야.

3

 서둘러요! 안 그러면 시간 못 맞춰요.

당신이 나 좀 도와줘요,
안 그러면 오늘 다 못해요.

---

1 小心, 不然会摔倒。
Xiǎoxīn, bùrán huì shuāidǎo.

 我不是小孩儿。
Wǒ bú shì xiǎoháir.

2 我要再吃一点儿。
Wǒ yào zài chī yìdiǎnr.

 别再吃了, 不然会变胖的。
Bié zài chī le, bùrán huì biàn pàng de.

3 快一点! 要不然来不及了。
Kuài yìdiǎn! Yàobùrán láibují le.

 你帮帮我,
Nǐ bāngbang wǒ,

要不然今天做不完。
yàobùrán jīntiān zuò bu wán.

4

  좀 두껍게 입어, 안 그러면 감기 걸려.

하지만 난 외투 입기 싫어. **可是我不想穿外套呀。**
Kěshì wǒ bù xiǎng chuān wàitào ya.

穿 chuān 图 입다 外套 wàitào 圐 외투

 너 내 말 들어, 안 그러면 후회한다.

5 영화 <喜欢你(그래도 좋아해)> 중, 노을이 지는 시간에 맞춰 석양을 보고 있는 루진과 성난

 루진 집중 좀 해, 안 그러면 놓칠 거야.

응. **嗯。**
Èng. 성난

4

 穿厚一点儿，不然会感冒。
Chuān hòu yìdiǎnr, bùrán huì gǎnmào.

 可是我不想穿外套呀。
Kěshì wǒ bù xiǎng chuān wàitào ya.

 你听我的，要不然你会后悔的。
Nǐ tīng wǒ de, yàobùrán nǐ huì hòuhuǐ de.

5

루진 **专心一点，要不然错过了。**
Zhuānxīn yìdiǎn, yàobùrán cuòguò le.

성난 **嗯。**
Èng.

"네가 안 가면,
나도 안 갈래."

"만약 ~라고 한다면"을 "如果~的话"로 말해 보아요!

"如果~的话"를 사용한 활용도 갑! 문장을 따라 읽어 보아요! 처음 두 번은 천천히, 마지막은
빠르게 읽어 보세요!

 네가 안 가면, 나도 안 갈래.
如果你不去的话，我也不去。
Rúguǒ nǐ bú qù dehuà, wǒ yě bú qù.

 너라면, 어떻게 할 거야?
如果是你的话，你会怎么办？
Rúguǒ shì nǐ dehuà, nǐ huì zěnme bàn?

 시간 있으면,
나랑 얼굴 한번 보자.
如果有空的话，跟我见个面吧。
Rúguǒ yǒu kòng dehuà, gēn wǒ jiàn ge miàn ba.

 만약 내가 보고 싶으면,
언제든 나한테 전화해요.
如果你想我，随时打电话给我。
Rúguǒ nǐ xiǎng wǒ, suíshí dǎ diànhuà gěi wǒ.

 고민 있으면,
나한테 말해도 돼.
如果有心事，可以告诉我啊。
Rúguǒ yǒu xīnshì, kěyǐ gàosu wǒ a.

 나라면, 다시 한 번
생각해 볼 거야.
如果是我，会再想一次。
Rúguǒ shì wǒ, huì zài xiǎng yí cì.

 너 필요하면, 그냥 너 줄게.
你要的话，我就给你。
Nǐ yào dehuà, wǒ jiù gěi nǐ.

 너 괜찮으면, 우리 집으로 와.
你方便的话，来我家吧。
Nǐ fāngbiàn dehuà, lái wǒ jiā ba.

空 kòng 몡 시간, 짬   见个面 jiàn ge miàn 한번 만나다   想 xiǎng 통 보고 싶어 하다, 그리워하다

随时 suíshí 튀 언제나, 수시로   打电话给~ dǎ diànhuà gěi~ ~에게 전화를 걸다   心事 xīnshì 몡 고민, 걱정거리

要 yào 통 필요하다, 원하다   方便 fāngbiàn 혱 (형편상) 괜찮다, 편리하다

 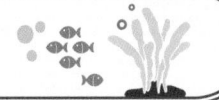

패턴 파헤치기

如果~的话
rúguǒ   dehuà

'만약 ~라고 한다면'이라는 의미로, 만약의 상황에 대해 이야기 할 때 쓸 수 있는 패턴이에요. 如果와 的话 사이에 만약의 일을 넣어서 말하면 돼요. 如果와 的话는 둘 중 하나만 써도 만약이라는 의미를 표현할 수 있답니다.

 오늘의 패턴을 여러 가지 문장 형태로 익혀 봅니다.
아래 문장을 큰 소리로 따라 읽어 보세요.

如果~的话 형태

如果	你	不去	的话,	我	也	不去。
Rúguǒ	nǐ	bú qù	dehuà,	wǒ	yě	bú qù.
만약	네가	안 가다	~라고 한다면	나	~도	안 가다

만약 네가 안 간다고 한다면, 나도 안 가.

如果~형태

如果	你	不去,	我	也	不去。
Rúguǒ	nǐ	bú qù,	wǒ	yě	bú qù.
만약	네가	안 가다	나	~도	안 가다

만약 네가 안 가면, 나도 안 가.

~的话 형태

你	不去	的话,	我	也	不去。
Nǐ	bú qù	dehuà,	wǒ	yě	bú qù.
네가	안 가다	~라고 한다면	나	~도	안 가다

네가 안 가면, 나도 안 가.

패턴으로 회화 레벨업!

 대화 속 문장을 중국어로 직접 말해 보세요!

1

 이 목도리 괜찮다!　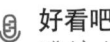　**这围巾挺不错!**
Zhè wéijīn tǐng búcuò !

围巾 wéijīn 몡 목도리　不错 búcuò 혱 괜찮다, 좋다

예쁘지?
너 필요하면, 그냥 너 줄게.　　**好看吧?**
Hǎokàn ba?

2

 당신이 보고 싶을 거예요.　　**我会想你的。**
Wǒ huì xiǎng nǐ de.

만약 내가 보고 싶으면,
언제든 나한테 전화해요.　

3

 시간 있으면, 나랑 얼굴 한번 보자.　

좋지. 너 괜찮으면, 우리 집으로 와.　　**好呀。**
Hǎo ya.

1
这围巾挺不错!
Zhè wéijīn tǐng búcuò!

好看吧?
Hǎokàn ba?
你要的话, 我就给你。
Nǐ yào dehuà, wǒ jiù gěi nǐ.

2
我会想你的。
Wǒ huì xiǎng nǐ de.

如果你想我,
Rúguǒ nǐ xiǎng wǒ,
随时打电话给我。
suíshí dǎ diànhuà gěi wǒ.

3
如果有空的话,
Rúguǒ yǒu kòng dehuà,
跟我见个面吧。
gēn wǒ jiàn ge miàn ba.

好呀。你方便的话, 来我家吧。
Hǎo ya. Nǐ fāngbiàn dehuà, lái wǒ jiā ba.

4

 너 무슨 생각하고 있어? 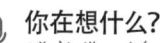 你在想什么?
Nǐ zài xiǎng shénme?

나 퇴사하고 싶어.
만약 너라면, 어떻게 할 거야? 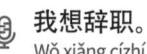 我想辞职。
Wǒ xiǎng cízhí.

辞职 cízhí 동 퇴사하다, 회사를 그만두다

 나라면, 다시 한 번 생각해 볼래.

5 영화 <不能说的秘密(말할 수 없는 비밀)> 중, 피아노 연습실에서 대화를 나누는 칭이와 시앙룬

칭이 고민 있으면, 나한테 말해도 돼.

그래. 好。 시앙룬
Hǎo.

4

 你在想什么?
Nǐ zài xiǎng shénme?

 我想辞职。 如果是你的话, 你会怎么办?
Wǒ xiǎng cízhí. Rúguǒ shì nǐ dehuà, nǐ huì zěnme bàn?

 如果是我, 会再想一次。
Rúguǒ shì wǒ, huì zài xiǎng yí cì.

5

 칭이 如果有心事, 可以告诉我啊。
Rúguǒ yǒu xīnshì, kěyǐ gàosu wǒ a.

 시앙룬 好。
Hǎo.

DAY 40

"이거 말고 다른 건 없어."

"A 말고는 B하다" 또는 "A 말고도 B하다"를
"除了 A (以外) B"로 말해 보아요!

"除了 A (以外) B"를 사용한 활용도 갑! 문장을 따라 읽어 보아요! 처음 두 번은 천천히, 마지막은
빠르게 읽어 보세요!

 이거 말고 다른 건 없어. | 除了这个以外，没有别的。
Chúle zhège yǐwài, méiyǒu biéde.

 너 빼고 다들 좋아해. | 除了你以外，大家都喜欢。
Chúle nǐ yǐwài, dàjiā dōu xǐhuan.

 나 말고 아무도 몰라. | 除了我，没有人知道。
Chúle wǒ, méiyǒu rén zhīdào.

 영어 말고 다른 언어는 못 해요. | 我除了英语，不会说别的语言。
Wǒ chúle Yīngyǔ, bú huì shuō biéde yǔyán.

 이거 말고 다른 것도 있어요. | 除了这个以外，还有别的。
Chúle zhège yǐwài, hái yǒu biéde.

 너 말고 또 누가
이 소식을 들었어? | 除了你，还有谁听到这个消息了？
Chúle nǐ, hái yǒu shéi tīngdào zhège xiāoxi le?

 사랑 말고도 중요한 일이 많아. | 除了爱情，还有很多重要的事。
Chúle àiqíng, hái yǒu hěn duō zhòngyào de shì.

 치킨 말고, 또 뭘 주문할까? | 除了炸鸡以外，还要点什么呢？
Chúle zhájī yǐwài, hái yào diǎn shénme ne?

英语 Yīngyǔ 몡영어　语言 yǔyán 몡언어, 말　还 hái 뷘~도, 또　谁 shéi 떼누구　听到 tīngdào 통듣다
消息 xiāoxi 몡소식　爱情 àiqíng 몡사랑, 애정　重要 zhòngyào 혱중요하다　炸鸡 zhájī 몡프라이드치킨
点 diǎn 통주문하다, 정하다

패턴 파헤치기

除了 A (以外) B
chúle　　　yǐwài

'A 말고는 B하다' 또는 'A 말고도 B하다'라는 의미로, 어떤 대상을 제외하거나 포함시키는 말을 할 때 쓸 수 있는 패턴이에요. B의 내용에 따라 A를 제외하거나 포함시킬 수 있어요. 以外는 생략 할 수 있답니다.

 오늘의 패턴을 자주 사용되는 상황별 예문으로 익혀 봅니다.
아래 문장을 큰 소리로 따라 읽어 보세요.

A를 제외하는 경우

除了	这个	(以外),	没有	别的。
Chúle	zhège	(yǐwài),	méiyǒu	biéde.
~외에	이것	(~외에)	없다	다른 것은

이거 말고 다른 건 없어.

我	除了	英语,	不会说	别的	语言。
Wǒ	chúle	Yīngyǔ,	bú huì shuō	biéde	yǔyán.
나는	~외에	영어	말할 줄 모르다	다른	언어를

나는 영어 말고 다른 언어는 못 해.

A를 포함하는 경우

除了	这个	(以外),	还	有	别的。
Chúle	zhège	(yǐwài),	hái	yǒu	biéde.
~외에	이것	(~외에)	~도	있다	다른 것

이거 말고 다른 것도 있어.

我	除了	英语,	还	会说	汉语。
Wǒ	chúle	Yīngyǔ,	hái	huì shuō	Hànyǔ.
나는	~외에	영어	~도	말할 줄 알다	중국어

나는 영어 말고 중국어도 할 수 있어.

 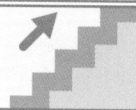

패턴으로 회화 레벨업!

 대화 속 문장을 중국어로 직접 말해 보세요!

1

 다른 건 없어요? 有没有别的?
Yǒu méiyǒu biéde?

이거 말고 다른 것도 있어요.
이건 어떠세요? 这个怎么样?
Zhège zěnmeyàng?

2

 중국어 할 줄 아세요? 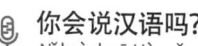 你会说汉语吗?
Nǐ huì shuō Hànyǔ ma?

영어 말고 다른 언어는 못 해요.

3

 너 말고 또 누가 이 소식을 들었어?

나 말고 아무도 몰라.

---

1 有没有别的?
Yǒu méiyǒu biéde?

除了这个以外，还有别的。
Chúle zhège yǐwài, hái yǒu biéde.

这个怎么样?
Zhège zěnmeyàng?

2 你会说汉语吗?
Nǐ huì shuō Hànyǔ ma?

我除了英语，
Wǒ chúle Yīngyǔ yǐwài,

不会说别的语言。
bú huì shuō biéde yǔyán.

3 除了你，
Chúle nǐ,

还有谁听到这个消息了?
hái yǒu shéi tīngdào zhège xiāoxi le?

 除了我，没有人知道。
Chúle wǒ, méiyǒu rén zhīdào.

4

 치킨 말고, 또 뭘 주문할까?

치킨 시키지 말자.  **不要点炸鸡了。** Búyào diǎn zhájī le.

 안 돼. 너 빼고 다들 좋아한다구.  **不行。** Bùxíng.

5 영화 <致我们终将逝去的青春(우리가 잃어버릴 청춘)> 중, 죽은 친구를 애도하는 쩡웨이의 독백

 쩡웨이 이 세상에는, 사랑 말고도 중요한 일이 많아.  **这个世界上,** Zhège shìjiè shang,

世界上 shìjiè shang 세상에는

4

 除了炸鸡以外, 还要点什么呢?
Chúle zhájī yǐwài, hái yào diǎn shénme ne?

 不要点炸鸡了。
Búyào diǎn zhájī le.

 不行。除了你以外, 大家都喜欢。
Bùxíng. Chúle nǐ yǐwài, dàjiā dōu xǐhuan.

5

 쩡웨이 **这个世界上,**
Zhège shìjiè shang,

除了爱情, 还有很多重要的事。
chúle àiqíng, hái yǒu hěn duō zhòngyào de shì.

DAY 40 "이거 말고 다른 건 없어." **187**

패턴으로 술술 말해보기! ④

지금까지 배웠던 패턴과 문장을 활용하여, 아래의 일상 회화를 한글만 보고 중국어로 말해 보세요! 다 말해 본 후에는 오른쪽에서 제대로 말했는지 확인해보고, 큰 소리로 따라 말해 보세요.

🎧 패턴술술 4

1

몇 시 비행기야?

⚡ 飞机 fēijī 명 비행기

세 시.

너 지금 출발해야 해, 안 그러면 늦을 거야.

Day 38

그러네, 나 가야겠다.
내가 보고 싶으면, 언제든 나한테 전화해.

Day 5, 8, 39

2

의사 선생님이 나보고 운동 많이 하래.
근데, 나는 엄청 쉬운 운동도 못하는 걸.

Day 29, 36

걱정하지마. 내가 너 도와줄 수 있어.

Day 22, 7

네가 나 가르쳐주려고?

Day 5

응. 너 괜찮으면, 우리 집으로 와.
내가 가르쳐줄게.

Day 39

几点的飞机?
Jǐ diǎn de fēijī?

三点。
Sān diǎn.

你现在得出发, 不然会迟到。
Nǐ xiànzài děi chūfā, bùrán huì chídào.

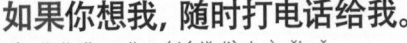

是啊, 我要走了。
Shì a, wǒ yào zǒu le.

如果你想我, 随时打电话给我。
Rúguǒ nǐ xiǎng wǒ, suíshí dǎ diànhuà gěi wǒ.

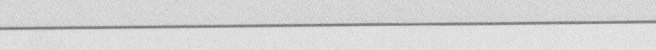

医生让我多运动。
Yīshēng ràng wǒ duō yùndòng.

可是, 我连非常简单的运动也不会呢。
Kěshì, wǒ lián fēicháng jiǎndān de yùndòng yě bú huì ne.

别担心了。我可以帮你。
Bié dānxīn le. Wǒ kěyǐ bāng nǐ.

你要教我吗?
Nǐ yào jiāo wǒ ma?

嗯。你方便的话, 来我家吧。
Èng. Nǐ fāngbiàn dehuà, lái wǒ jiā ba.

我教你。
Wǒ jiāo nǐ.

3

재 웃을 때, 진짜 예쁘네.

Day 35

듣자 하니 쟤가 너 좋아한다던데.

Day 34

장난치지 마.

Day 22

넌 왜 늘 나를 못 믿냐?

Day 37

진짜야? 다들 알고 있어?

사실, 나 말고 아무도 몰라.

Day 40

아이고, 너….

她笑的时候, 真漂亮。
Tā xiào de shíhou, zhēn piàoliang.

听说她喜欢你。
Tīngshuō tā xǐhuan nǐ.

别逗了。
Bié dòu le.

你怎么从来不信我?
Nǐ zěnme cónglái bú xìn wǒ?

真的吗? 大家都知道吗?
Zhēn de ma? Dàjiā dōu zhīdào ma?

其实, 除了我, 没有人知道。
Qíshí, chúle wǒ, méiyǒu rén zhīdào.

哎呀, 你呀⋯。
Āiya, nǐ ya⋯.

중국인이 가장 많이 쓰는 실생활 패턴으로 말하기

초판 6쇄 발행 2024년 2월 12일

초판 1쇄 발행 2019년 4월 25일

지은이	해커스 중국어연구소
펴낸곳	㈜해커스 어학연구소
펴낸이	해커스 어학연구소 출판팀

주소	서울특별시 서초구 강남대로61길 23 ㈜해커스 어학연구소
고객센터	02-537-5000
교재 관련 문의	publishing@hackers.com
	해커스중국어 사이트(china.Hackers.com) 교재Q&A 게시판
동영상강의	china.Hackers.com

ISBN	978-89-6542-287-7 (13720)
Serial Number	01-06-01

중국어인강 1위

해커스중국어 **china.Hackers.com**

해커스중국어

· 하루 10분씩 따라 하면 중국어회화가 되는 **본 교재 동영상강의**(교재 내 할인쿠폰 수록)
· 단계별 중국어 회화 및 단어, 중국어회화 레벨테스트 등 다양한 학습 콘텐츠
· 중국인이 가장 많이 쓰는 표현을 학습하는 **패턴으로 생각 말하기 MP3** 무료 다운로드

중국어도 역시 1위
회화 실력이 오르는 해커스중국어 학습 시스템

[1위] 한경비즈니스 선정 2017 소비자가 뽑은 소비자만족지수, 교육(중국어학원) 부문 1위 해커스중국어

하루 10분 강의
언제 어디서나
부담 없이 짧고 쉽게!

1:1 학습케어
스타강사의 맞춤 케어로
원어민 발음 완성!

반복·응용 학습
필수 예문 반복으로 입이
저절로 기억하는 말하기

실생활 중심의 쉬운 중국어
실생활에서 200%
활용 가능한
쉬운 생활중국어

해커스중국어 china.Hackers.com